Anna Lena Böckel, Uwe Schröder, Günter Wagner

Fit mit Kokos

Anna Lena Böckel, Uwe Schröder, Günter Wagner

Fit mit Kokos

Vegetarische Genussrezepte

Für geistige und sportliche Fitness

Wir danken an dieser Stelle allen Sportlerinnen und Sportlern, von denen wir lernen durften, sowie den zahlreichen freien Mitarbeiterinnen und Mitarbeitern des Deutschen Institutes für Sporternährung e.V. in der Sportklinik Bad Nauheim, die bei der Recherche und Erstellung des Buches aktiv mitgearbeitet haben.

Unser Dank gilt insbesondere auch Manfred Görg, Geschäftsführer von Dr. Goerg (drgoerg.com), international anerkannter Kokosexperte und Agrarökonom, ohne dessen inhaltliche Unterstützung dieses Buch in der vorliegenden Form nicht möglich gewesen wäre.

Inhalt

Harte Schale, köstlicher Kern – die inneren Werte der Kokosnuss

Sie selbst würde gut als Fitnessgerät taugen: die Kokosnuss. Doch dafür wäre sie viel zu schade. Denn ihre inneren Werte überzeugen. Kokosöl, Kokosmehl, Kokosmus, Kokosmilch, Kokoswasser … Die Liste ernährungsphysiologisch sinnvoller Produkte ist lang. Hier spielt die Kokosnuss ihre Qualitäten aus – das milde Aroma, die leichte Verdaulichkeit der hochwertigen Öle oder die tolle Optik der Getränke. Kein Wunder, dass die Kokosnuss nicht nur in ihren Heimatländern ein wichtiges Grundnahrungsmittel ist, sondern auch hierzulande immer beliebter wird.

Eine Nuss, die keine Nuss ist

Botanisch gehört die Kokosnuss nicht zu den Nüssen, sondern zu den Steinfrüchten, der Baum selbst zur Familie der Palmengewächse. Neben der Dattel ist die Kokosnuss wohl die bekannteste Palmfrucht. Dennoch macht ihr Name Kokos*nuss* durchaus Sinn: Sie ist ein echter Ge*nuss* und auch geschmacklich ähnelt die Kokosnuss zweifelsfrei eher einer Haselnuss als einer Dattel.

Die ursprüngliche Heimat der Kokosnuss ist unklar. Kokosnüsse wachsen vor allem in Meeresnähe und können, wenn sie vom Stamm ins Wasser fallen, Tausende von Kilometern über die Ozeane treiben und dabei keimfähig bleiben. Aktuell geht man davon aus, dass die Kokosnuss von der tropischen Inselgruppe Melanesien im Stillen Ozean stammt und sich von dort verbreitet hat.

Die Kokospalme *(Cocos nucifera)* gedeiht besonders gut auf sandigem oder lehmigem Untergrund in Küstenbereichen und in der Nähe von Flussufern. Sie wird 20 bis 30 Meter hoch und kann bis zu 120 Jahre alt werden. Nach sechs Jahren beginnt sie, ihre bis zu zwei Meter langen Blütenstände auszubilden. Für optimale Anbaubedingungen und schöne große Früchte braucht es einen nährstoffreichen und lockeren, nicht zu trockenen Boden.

Optimale klimatische Bedingungen findet die Kokosnuss in den Tropen. Die Kokospalme, von der es verschiedene Sorten gibt, ist extrem frostempfindlich und wächst am besten, wenn die Temperatur nicht unter 20 °C fällt und die durchschnittliche Temperatur bei 27 °C liegt. Für einen gesunden Wuchs sind zudem eine hohe Luftfeuchtigkeit und viel Sonne förderlich. Zu den Hauptanbauländern gehören deshalb Indonesien und die Philippinen sowie Sri Lanka, Indien und Papua-Neuguinea.

Im Gegensatz zu Bananen, Mangos oder Äpfeln reifen Kokosnüsse nach dem Pflücken nicht nach. Sie zählen zu den nichtklimakterischen Früchten. Nachreifende Früchte geben Kohlendioxid (CO_2) ab und bilden ein gasförmiges Pflanzenhormon (Ethen), das den Reifevorgang während der Lagerung stimuliert. Kokosnüsse müssen bei der Ernte vollreif sein oder zumindest ihre Genussreife erreicht haben. Zur Gruppe der nichtklimakterischen Früchte gehören neben der Kokosnuss auch die Ananas, Zitrusfrüchte oder Wassermelonen sowie in Europa heimische Früchte wie die Erdbeeren, Brombeeren, Kirschen oder Trauben.

Die Kokosnüsse, die man üblicherweise in Europa kaufen kann, sind nur der innere Teil der Kokosnuss, umgeben mit einigen Bastfäden. Vor dem Export werden die äußeren Schichten entfernt. Auch bei der Weiterverarbeitung vor Ort zu Kokosöl, -mus oder -milch werden die Außenhaut und die dicke Faserschicht entfernt. Zurück bleibt der Kern der Frucht, der noch von der verholzten Kernschale umschlossen ist. Das essbare Fruchtfleisch im Inneren der Schale ist anfangs noch weich und geleeartig und wird im Laufe des Reifeprozesses fest und weiß.

Die äußeren Schichten bestehen aus einer dünnen, grünen, gelben oder hellbraunen, lederartigen Schale und einer mehrere Zentimeter dicken, trockenen, faserigen Unterschicht. Diese Kokosfasern werden sowohl als Füllmaterial für Matratzen und Polster verwendet als auch zur Wärmedämmung. Zudem werden hieraus traditionell Seile, Fußmatten, Hüte, Körbe oder Teppiche hergestellt. Was bei deren Produktion übrig bleibt, kann als natürlicher Pflanzendünger weiterverwendet werden. Somit werden in den Anbauländern der Kokosnuss alle natürlichen Bestandteile der ganzen Frucht, oftmals noch in traditioneller Weise in handwerklichen Kleinbetrieben, sinnvoll genutzt und weiterverarbeitet.

Kokovorismus

Um 1900 begeisterte sich der deutsche Schriftsteller August Engelhardt für eine neue Philosophie aus den USA, den sogenannten Kokovorismus. Das Konzept war bestechend einfach: Wer sich ausschließlich von Kokosnuss ernährt, der wird Erleuchtung finden. Die Kokosnuss als »Stein der Weisen«. Gemeinsam mit seinem Freund, dem Schriftsteller August Bethmann, schrieb Engelhardt ein Buch über den Kokovorismus, eine Lebensanschauung, in deren Zentrum die Verehrung der Kokosnuss steht. Mehr als 30 Menschen folgten Engelhardt über die Jahre nach Papua-Neuguinea und lebten einen Traum: frei leben, essen, was auf den Bäumen wächst, und im Schatten der Kokospalmen sitzend philosophieren.

Auch die äußeren Schichten der Kokosnuss werden in den Anbauländern genutzt: Aus den Fasern werden Seile und andere Alltagsgegenstände hergestellt. Die Reste, die dann noch übrig bleiben, dienen als organische Düngemittel.

Bio – was bedeutet das bei Kokosnüssen?

Ressourcenschonender Anbau und energieeffizientes Wachstum sind charakteristisch für die Kokosnuss aus biologischem Anbau. Denn weder für das Wachstum in den regen- und sonnenreichen, fruchtbaren Anbaugebieten der Tropen noch für die Ernte der Kokosnuss wird fossile Energie verschwendet. Bio-Kokosnüsse wachsen ohne künstliche Bewässerungssysteme und ohne mineralische Düngung. Zudem werden keine Pestizide eingesetzt. Während auf Kokosnussplantagen (die glücklicherweise im Gegensatz zu Ölpalmenplantagen noch selten sind) zwischen den Palmen nichts mehr wächst, gedeiht zwischen den Kokosnusspalmen beim naturnahen Bio-Anbau eine vielfältige Mischkultur mit anderen Pflanzen wie Mangobäume, Bananenstauden oder Pfeffersträucher, die wiederum positiv zum Klima beiträgt. Zudem ist laut der EU-Öko-Verordnung Voraussetzung für eine Bio-Kennzeichnung, dass nicht nur der Anbau ökologisch erfolgen muss, sondern dass auch bei der Produktion ethische und soziale Grundvoraussetzungen erfüllt sein müssen. Diese Qualitätssicherung wird unter anderem dadurch gewährleistet, dass ein Erzeuger, der seine Kokosnussprodukte mit dem Bio-Siegel der EU-Öko-Verordnung versehen will, mit einer akkreditierten europäischen Kontrollstelle zusammenarbeiten muss, die den gesamten Anbau der Kokosnuss einschließlich der Vertriebswege überprüft. Der Handel mit Bio-Kokosprodukten unterstützt, im Gegensatz zum konventionellen Handel mit Lebensmitteln aus Plantagenanbau wie Südfrüchte, Sojabohnen oder Ölpalmen, die Kleinbauern und Produzenten in den Herkunftsländern – ein wichtiger Beitrag zu deren Existenzsicherung und zur wirtschaftlichen Entwicklung der Länder des Südens.

Wer hat, der hat: Nährwerte der Kokosnuss

Nährwerte		Vitamine		Mineralstoffe	
Energie (kcal/kJ)	363/1420	B_1 (Thiamin)	0,06 mg	Natrium	35 mg
Kohlenhydrate	13 g	B_2 (Riboflavin)	0,01 mg	Kalium	379 mg
davon Ballaststoffe	9 g	B_3 (Niacin)	0,40 mg	Calcium	20 mg
Eiweiß	4 g	B_6 (Pyridoxin)	0,06 mg	Phosphor	94 mg
Fett	37 g	C	2 mg	Magnesium	39 mg
Wasser	45 g	E	0,80 mg	(pro 100 Gramm frisches Fruchtfleisch)	

Kokoswasser – von Natur aus isotonisch

Bei der noch grünen, jungen Kokosnuss befindet sich im inneren Hohlraum bis zu einem halben Liter einer süßen, fast klaren Flüssigkeit: das Kokoswasser. In den Anbauländern wird Kokoswasser frisch aus der Kokosnuss fast überall als erfrischendes »Streetfood« angeboten. Es ersetzt nicht nur den in heißen Ländern üblichen hohen Wasserverlust über den Schweiß, sondern liefert gleichzeitig wichtige Mineralstoffe, die ebenfalls über den Schweiß verloren gehen. Kokoswasser ist von Natur aus isotonisch und enthält fast kein Fett. Es eignet sich somit hervorragend als Durstlöscher, beim Sport sowie im Alltag. Der Mineralstoffreichtum zeichnet sich durch einen sehr hohen Kaliumgehalt von bis zu 2000 bis 2500 Milligramm pro Liter sowie einen Natriumgehalt von 400 bis 800 Milligramm aus. Mit 200 bis 300 Milligramm Calcium und 100 bis 150 Milligramm Magnesium pro Liter liefert es zudem die wichtigen Mineralstoffe Calcium und Magnesium im physiologisch günstigen 2:1-Verhältnis. Insbesondere nach sportlichen Aktivitäten zum Ausgleich der Schweißverluste und zur Auffüllung der entleerten Glykogenspeicher (die Kohlenhydrat-Energiereserven des Körpers) ist Kokoswasser aufgrund seines außergewöhnlich hohen natürlichen Kaliumgehaltes empfehlenswert, denn pro Gramm Kohlenhydrate werden rund 20 Milligramm Kalium

Isotonisch – iso was?

Die Begriffe »hypo-«, »iso-« und »hypertonisch« beschreiben den osmotischen Druck eines Getränkes im Vergleich zum osmotischen Druck des menschlichen Blutes, nicht jedoch dessen Zusammensetzung und die Konzentration der enthaltenen Inhaltsstoffe. »Iso« leitet sich aus dem Griechischen ab und bedeutet »gleich«. Isoton bzw. isotonisch sind Getränke, die den gleichen osmotischen Druck aufweisen wie das menschliche Blut mit 290 – 320 mosmol/l. Entsprechend weisen hypotone Getränke eine Osmolarität von unter 290 mosmol/l, hypertone Getränke eine Osmolarität von über 320 mosmol/l auf. Der Begriff »isotonisch« hat sich als Qualitätsbegriff für Getränke im Rahmen der Sporternährung zu Recht etabliert, da hier die gleichzeitige Wasser- und Nährstoffaufnahme aus den Getränken sehr effizient und ohne einen temporären Wasserentzug im Körper möglich ist. Hypertone Getränke, hierzu gehören zum Beispiel alle Fruchtsäfte und viele Limonaden, müssen im Körper erst auf den gleichen osmotischen Druck »verdünnt« werden, damit eine Aufnahme der Inhaltsstoffe vom Körper erfolgen kann. Hierzu wird dem Körper temporär Wasser entzogen, das dann – zumindest zeitweise – für und bei sportlichen und geistigen Aktivitäten zur Leistungserbringung fehlt.

zur Wiedereinlagerung und Regeneration dieser Energiespeicher im Körper benötigt. Im Vergleich zum Kokoswasser mit rund 2000 Milligramm enthält selbst ein mineralstoffreiches Mineralwasser mit 10 bis 20 Milligramm Kalium pro Liter wenig Kalium.

Kokoswasser – direkt aus der Trink-Kokosnuss oder trinkfertig im Getränkekarton abgefüllt – gehört mit 15 bis 18 Kilokalorien pro 100 Milliliter und 4 Gramm Kohlenhydraten außerdem zu den ausgesprochen kalorienarmen Getränken.

Köstliches Fruchtfleisch als Basis

Ist erst einmal die harte Kokosnussschale und die dünne Haut, die direkt unter der Schale liegt, entfernt – traditionell erfolgt dies in Handarbeit – kann das charakteristische weiße Fruchtfleisch weiterverarbeitet werden. Das frische Fruchtfleisch enthält ungefähr 45 Prozent Wasser. Für die weitere Nutzung wird der Wassergehalt des Fruchtfleisches im Herkunftsland durch Trocknung auf einen Gehalt von ungefähr 5 Prozent verringert. Der Fettgehalt beträgt dann rund 60 bis 70 Prozent. Aus dem getrockneten Fruchtfleisch der Kokosnuss werden Kokosflocken, Kokosmus und Kokosmilch gewonnen und in entsprechenden Ölmühlen durch einen Pressvorgang das Kokosöl. Der nährstoffreiche Pressrest wird in den Ursprungsländern oft als ein mineralstoff-, kohlenhydrat- und proteinreiches Viehfutter eingesetzt.

Kokosöl: Öl, das fit macht

Kokosöl ist ein bei Raumtemperatur festes, weißes bis weißlich gelbliches Pflanzenöl, das aus dem Kokosnussfleisch gewonnen wird. Es zeichnet sich durch einen sehr hohen Anteil an leicht und schnell verdaulichen mittelkettigen gesättigten Fettsäuren (»MCT-Fette«) aus. Es ist reich an Capryl- und Myristinsäure und qualitätsbestimmend insbesondere sehr reich an Laurinsäure.

Kokosöl kann in der Küche sowohl zum Backen, Dünsten, Braten als auch zum Frittieren verwendet werden. Kokosöl ist unempfindlich gegenüber Hitze, es kann auf bis zu 230 °C erhitzt werden. Es spritzt nicht, bräunt gut und kann auch sehr fein in einer Pfanne ausgestrichen und verteilt werden. Auch eignet sich Kokosöl sehr gut als Brotaufstrich.

Der Anteil an Laurinsäure im Kokosöl kann etwa 45 Prozent bis 60 Prozent in extra nativem, kaltgepresstem Bio-Kokosöl betragen. Kaltgepresstes Bio-Kokosöl weist in der Regel die höchsten Werte an Laurinsäure auf. Der Gehalt an Laurinsäure hat sich auch als Qualitätskriterium für Kokosöl bewährt. Je höher der Gehalt an Laurinsäure, desto höher die Qualität. Interessant ist, dass eine der wenigen weiteren Nahrungsquellen für den Menschen mit relativ hohem Anteil von Laurinsäure die Muttermilch ist.

Da mittelkettige Fettsäuren wie die Laurinsäure vom Körper sofort und ohne Umwege in Energie umgewandelt werden können, wird eine Fitness-Ernährung unter Verwendung von Kokosprodukten und insbesondere von Kokosöl mit einem hohen Anteil an Laurinsäure bei leistungsorientierten Ausdauersportlern immer beliebter (mehr dazu ab Seite 23). Aber auch Veganer, Vegetarier, Freunde der ayurvedischen Ernährungsweise, der Paleo-Ernährung sowie Rohköstler haben Kokosprodukte und das Kokosöl fest in ihren Speiseplan integriert. Und das aus guten Gründen. Die im Kokosöl enthaltenen MCT-Fette benötigen für die Aufnahme im Körper keine Fettsäuren spaltenden Enzyme, werden bevorzugt in Energie umgesetzt und lagern sich somit nicht ins Fettgewebe ein. Auch hinsichtlich der Prävention von Demenzerkrankungen kann Kokosöl möglicherweise unterstützend wirken (mehr dazu auf Seite 57).

Weitere Pluspunkte der Laurinsäure: Sie besitzt bakterizide und antivirale Eigenschaften. Sie kann bei umhüllten Viren die Lipidhülle zerstören und damit zum Absterben der Viren führen. Zu den fettumhüllten Viren zählen beispielsweise Herpes- und Masernerreger. Die Fettsäuren können also mithelfen, das Immunsystem zu stärken und die körpereigenen Abwehrkräfte zu stabilisieren.

Frische und Verarbeitung entscheidend

Das früher hierzulande in fast allen Haushalten gebräuchliche, zum Braten und Frittieren sehr kostengünstig angebotene Kokosfett ist unter ernährungsphysiologischen Gesichtspunkten kaum vergleichbar mit den Qualitäten der heute erhältlichen hochwertigen Kokosöle aus einer ersten Kaltpressung. Konventionelle, geschmacksneutrale Kokosfette werden mit Lösungsmitteln und unter hohen Temperaturen gewonnen. Zum Teil wird dieses Kokosfett im Anschluss an die Raffination noch zusätzlich gehärtet. Native Kokosöle hingegen stammen aus einer Kaltpressung. Diese Kokosöle dürfen, um die natürliche ernährungsphysiologische Qualität nicht zu sehr zu beeinträchtigen, weder raffiniert noch umgeestert, gehärtet, gebleicht, geschmacklich oder hinsichtlich des Geruchs behandelt und verändert werden. Da natives Kokosöl nicht industriell gehärtet wird, enthält es auch

Auf dem Wochenmarkt zusammen mit Tomaten und anderem Gemüse ernte-frisch angeboten, haben die Kokosnüsse noch eine helle Schale. Erst nach längerer Lagerung werden die Fasern dunkelbraun.

keine gesundheitlich bedenklichen Transfettsäuren.

Raffiniertes Kokosöl ist industriell hergestelltes Kokosöl. Zur Gewinnung werden häufig ältere Kokosnüsse verwendet, die getrocknet und bis zu zwölf Monate gelagert wurden. Es wird auch RBD-Kokosöl genannt. Die Abkürzung »RBD« steht für *refined, bleached, deodorized* (= raffiniert, gebleicht, desodoriert).

Für natives Kokosöl wird meist auch der Begriff *Virgin Coconut Oil* (VCO) verwendet. Die Bezeichnung »Virgin« ist der Einstufung bei Olivenöl entnommen und soll ebenfalls eine hohe Qualität ausdrücken. Im Gegensatz zum Olivenöl gibt es jedoch für Kokosöl keine rechtsverbindliche Definition für diese Bezeichnung. Generell versprechen die Hersteller bei Virgin Coconut Oil jedoch eine möglichst schonende Verarbeitung. Doch gibt es auch unter den Virgin Coconut Oils oder auch unter den Bio-Kokosölen noch große Qualitätsunterschiede. Die Tatsache, dass ein Kokosöl das Bio-Siegel besitzt, sagt nur begrenzt etwas über dessen ernährungsphysiologische Qualität aus. Es bestätigt den kontrolliert biologischen Anbau und meist auch wichtige soziale Gesichtspunkte des Anbaus und der Vermarkung, sagt jedoch nur sehr eingeschränkt etwas über den Gehalt an wertvollen Inhaltsstoffen. Weder Herstellungszeit und -verfahren noch Verarbeitungs- und Presstemperaturen sind mit dem Bio-Siegel zertifiziert und geprüft.

Die höchstmögliche Natürlichkeit und Qualität beim Kokosöl kann am ehesten garantiert werden, wenn das Kokosnussfleisch erntefrisch, also innerhalb weniger Tage nach der Kokosnussernte, direkt und ohne Zwischenlagerung genutzt wird. Nur eine rasche Verarbeitung stellt sicher, dass keine Enzyme wie die Lipasen die wertvollen Fette der Kokosnuss im Fruchtfleisch verändern und spalten. Werden Fettsäuren freigesetzt, wird das Öl schnell ranzig und schmeckt unangenehm.

Qualitätskriterium: Laurinsäure

Wie bei jeder Ölherstellung kann auch bei Kokosöl der Begriff »Kaltpressung« falsch verstanden werden. Denn Kaltpressung heißt nur, dass das zu pressende Produkt vor der Verarbeitung nicht zusätzlich erhitzt wird. Auch bei einer Kaltpressung können hohe Temperaturen entstehen, wenn mit hohem Pressdruck aus dem Kokosfleisch Öl gewonnen wird. Hierdurch wird bei den meisten Ölmühlen eine innere Presstemperatur von 135 bis 150 °C erreicht. Dennoch geben viele Hersteller an, dass dieses Kokosöl kaltgepresst ist – lebensmittelrechtlich erlaubt, unter ernährungsphysiologischen Gesichtspunkten eher irreführend. Eine echte Kaltpressung wird zum Beispiel bei Dr. Goerg erreicht. Dabei wird nur erntefrisches Kokosfleisch innerhalb von 72 Stunden schonend verarbeitet und die definitive Verarbeitungstemperatur liegt zu keinem Zeitpunkt über 38 °C.

Welche Temperatur ein hochwertiges Kokosöl verträgt, um alle natürlichen Wirkstoffe unverändert zu erhalten, ist nicht genau bekannt. Erntefrische und Presstemperatur spielen jedoch eine entscheidende Rolle für Wertigkeit und Qualität. Wer Wert auf den Erhalt aller im Kokosöl vorhandenen Stoffe in ihrer naturbelassenen Form legt, sollte ein Kokosöl wählen, das bei möglichst niedriger Temperatur gewonnen wurde. Als Qualitätsindikator hat sich der Gehalt an Laurinsäure bewährt. Bei vielen Standard-Kokosölen liegt der Laurinsäuregehalt bei 35 bis 45 Prozent, manche kaltgepressten Kokosöle erreichen bis zu 49 Prozent. Der derzeit weltweit höchste gemessene Laurinsäuregehalt in einem Kokosöl liegt sogar bei 59,42 Prozent. Dieser Wert wird bisher nur von Dr. Goerg (drgoerg.com) erreicht.

Machen Sie den Schütteltest

Das Alter einer Kokosnuss können Sie mit dem Schütteltest feststellen. Je jünger die Kokosnuss, desto mehr Kokoswasser enthält sie. Aber auch die Farbe gibt einen Hinweis: Je brauner die Kokosnuss, desto älter ist sie.

Kokosmehl – glutenfrei und Low Carb

Für die Herstellung von Kokosmehl wird das getrocknete und entölte Kokosnussfleisch in einem handwerklichen Prozess (ähnlich der Mehlherstellung aus Getreide) sehr fein gemahlen. Es schmeckt leicht süßlich und eignet sich für Kuchen, Gebäck, Brot, Aufstriche und Desserts. Aufgrund seiner sehr hohen Wasserbindungsfähigkeit kann es sehr gut zum Binden von Saucen und Suppen eingesetzt werden. Kokosnussmehl ist glutenfrei und kohlenhydratarm, liefert dem Körper pro 100 Gramm ungefähr 320 Kalorien, 15 bis 20 Prozent Kohlenhydrate, 20 Prozent Eiweiß und acht bis zehn Prozent Fett. Es ist somit ideal für die Low-Carb-Ernährung geeignet. Mit 40 bis 50 Gramm Ballaststoffen auf 100 Gramm Mehl hat es zudem einen absoluten Spitzenwert bei den gesundheits- und verdauungsfördernden Ballaststoffen. Wer seine tägliche Ballaststoffzufuhr erhöhen möchte, kann Kokosmehl einfach über sein Müsli streuen oder in eine Suppe einrühren.

Bis zu rund einem Viertel der in einem Rezept vorgesehenen Weizenmehlmenge kann beim Kuchenbacken problemlos durch Kokosmehl ersetzt werden, ohne dass sich die Konsistenz des Teigs wesentlich ändert. Wer also einen Kuchen mit 500 Gramm Weizenmehl backen möchte, kann 100 bis 125 Gramm durch Kokosmehl ersetzen. Ein kompletter Ersatz ist jedoch schwierig, da Kokosmehl kein Gluten enthält. Dieses Eiweiß, das in Getreidearten wie Weizen und Roggen enthalten ist, sorgt dafür, dass der Teig lockerer wird. Glutenfreie Rezepte müssen speziell entwickelt und die anderen Zutaten entsprechend angepasst werden.

Kokosmehl ist sehr lange haltbar. Am besten lagern Sie es an einem trockenen, temperaturstabilen Ort, optimal bei Raumtemperatur. Wenn Sie das Mehl dann auch noch vor direkter Sonneneinstrahlung schützen, können Sie es bis zu zwei Jahre aufbewahren. Können heißt jedoch nicht müssen. Leckere Rezepte mit Kokosmehl gibt es in diesem Buch ab Seite 58.

Gewusst wie: So knacken Sie die (Kokos-)Nuss

Sie brauchen einen harten, spitzen Gegenstand (z. B. Schraubenzieher), einen Hammer und ein Küchenmesser. Mit dem Schraubenzieher öffnen Sie zwei der drei »Augen« (Keimlöcher) der Kokosnuss und lassen das Kokoswasser in ein Glas laufen. Mit der Spitze des Hammers schlagen Sie mittig auf der Kokosnuss rundherum, bis sich ein Riss bildet. An dem Riss lässt sich die Kokosnuss nun sehr leicht öffnen und das Kokosnussfleisch mit dem Messer aus den Schalenhälften lösen. Bei noch sehr jungen Kokosnüssen nicht verzagen: Die »Augen« sind schwerer zu finden, dafür ist die Kokoswasser-Ernte umso ertragreicher.

Kokosblütenzucker – natürlich süßen

Die Blüten der Kokospalme produzieren täglich ein bis drei Liter Saft mit einem Zuckergehalt von zehn bis 15 Prozent. In den Ursprungsländern wird dieser Kokosblütensaft getrunken, zu alkoholischen Getränken wie Arrack fermentiert oder zu Sirup oder Zucker eingekocht. Um an den köstlichen Saft zu gelangen, werden die großen Palmblüten abgebunden und angeschnitten. Der austretende Saft wird regelmäßig aufgefangen und kann dann zu Sirup eingekocht und zu Zucker weiterverarbeitet werden. Die Saftgewinnung erfolgt in luftiger Höhe – Schwindelfreiheit ist bei den Produzenten Grundvoraussetzung. Auch die Weiterverarbeitung geschieht im Herkunftsland in traditioneller Handarbeit: Der Saft wird gesiebt und eingekocht, bis er kristallisiert und eine zähflüssige Konsistenz hat.

Eingedickter Kokossirup hat noch einen Wasseranteil zwischen 25 und 35 Prozent. Deshalb sollte eine angebrochene Kokossirup-Flasche vorsichtshalber im Kühlschrank aufbewahrt werden. Aufgrund des höheren Wassergehalts hat Kokosblütensirup weniger Kalorien als reiner Kokosblütenzucker.

Wird der Sirup weiter eingekocht und so noch mehr Wasser entzogen, erhält man den Kokosblütenzucker, der noch fein vermahlen, aber nicht raffiniert wird. Kokosblütenzucker ist wie der bei uns übliche Haushaltzucker oder Honig lange haltbar.

Kokossirup und Kokosblütenzucker haben einen leicht karamellartigen, angenehm weichen Geschmack und süßen ähnlich wie Haushaltszucker. Obwohl die Zusammensetzung des Kokosblütenzuckers dem des Haushaltszuckers ähnelt, ist der dokumentierte Wert des Glykämischen Index (GI) deutlich niedriger als beim Haushaltszucker (siehe dazu auch Seite 21). Der GI von Haushaltzucker liegt bei 65 bis 70, Kokosblütenzucker hat einen GI von 31 bis 50. Der Schwankungsbereich beim Glykämischen Index vom Kokosblütenzucker wird vermutlich durch die unterschiedlichen Wachstumsbedingungen der Kokosnüsse hervorgerufen.

Auch wenn der Kokosblütenzucker einen nennenswert niedrigeren Glykämischen Index aufweist als der übliche Haushaltzucker oder auch als Honig, ist der Energiegehalt vom Kokosblütenzucker jedoch identisch hoch.

Kokosmilch – lecker und vielseitig

Kokosmilch entsteht nicht von Natur aus in der Kokosnuss, sondern wird hergestellt, indem das weiße Fruchtfleisch aus der Schale gelöst, mit etwas Wasser übergossen und die Mischung ausgepresst wird. Das Ergebnis ist die Kokosmilch, eine aromatische, milchartige Flüssigkeit, der je nach gewünschtem Fettgehalt (zwischen 15 und 20 Prozent) wieder Wasser zugesetzt wird. Traditionell wird die zurückbleibende Kokosmasse nochmals mit Wasser vermischt und ausgepresst, was dann eine dünnere Kokosmilch ergibt. So entstehen Kokosmilchen in unterschiedlichen Qualitäten, die in den Ursprungsländern in den Privathaushalten für unterschiedliche Zwecke eingesetzt werden. Qualitativ gute Produkte enthalten über 60 Prozent Kokosmilch, besonders hochwertige sogar 80 Prozent.

Kokosmilch wird in den Anbauländern der Kokosnuss kleinindustriell erzeugt und weltweit exportiert. Die Kokosmilch ist Bestandteil zahlreicher asiatischer Gerichte wie Currys, scharfe Saucen und cremige Suppen. Sie nimmt den mit Chilipulver gewürzten Gerichten ihre Schärfe und harmoniert geschmacklich auch mit vielen anderen traditionell verwendeten Gewürzen wie Zitronengras, Kurkuma oder Koriander.

Aufgrund des hohen Fettgehaltes kann Kokosmilch nicht dauerhaft homogenisiert werden. Sie rahmt natürlicherweise auf, Fett- und Wasseranteil entmischen sich im Verlauf der Lagerung. Vor der Verwendung muss die Kokosmilch geschüttelt oder gerührt werden, um den Fettanteil wieder mit dem Wasser zu vermischen. In den Anbauländern der Kokosnuss ist dies bekannt und akzeptiert. Kokosmilch, bei der sich die Inhaltsstoffe Kokosfett und Wasser in zwei Schichten präsentieren, werden von vielen Konsumenten in Europa jedoch noch nicht oder nur mit großer Einschränkung angenommen. Der hierzulande erhältlichen Kokosmilch werden deshalb oft Emulgatoren, Stabilisatoren und/oder Verdickungsmittel zugesetzt, um die Homogenisierung auch über einen längeren Zeitraum stabil zu halten.

Aber es gibt auch hier die Ausnahmen: So werden bei der Bio-Kokosmilch von Dr. Goerg keine Stabilisatoren, Emulgatoren oder Verdickungsmittel eingesetzt. Sie bleibt absolut natürlich.

Kokosraspel – nicht nur zur Weihnachtszeit

In der europäischen Küche wurden Kokosraspel bisher vorwiegend für Gebäck wie Makronen oder für leckere Kuchen und Desserts verwendet. Die zunehmend beliebter werdende asiatische Küche hat jedoch auch bei uns weitere schmackhafte Möglichkeiten zur Verwendung von Kokosraspeln in der Küche geschaffen. Kokosraspel und Kokosflocken – geraspeltes und getrocknetes Kokosfleisch in unterschiedlichen Größen – können direkt in der Pfanne oder im Wok angebraten werden und sorgen so für einen typischen Geschmack beispielsweise in Gemüsecurrys. Mit reichlich Chili und Zitronensaft vermischt, wird aus frischen Kokosraspeln leckeres Kokosnuss-Sambal, nicht nur traditioneller Bestandteil von Reis und Curry, sondern auch beliebte Beilage zu anderen asiatischen Gerichten.

Glykämischer Index (GI)

Um den unterschiedlichen Einfluss kohlenhydrathaltiger Lebensmittel auf den Blutzucker (Blutglukose)- und Insulinspiegel zu klassifizieren, wurde der Begriff Glykämischer Index (GI) eingeführt. Dieser wird weltweit nach einem von der Weltgesundheitsorganisation (WHO) festgelegten Untersuchungsdesign an stoffwechselgesunden Probanden bestimmt. Dabei wird die Dauer und Höhe des Blutzucker-Anstiegs nach Verzehr von 50 Gramm Glukose (Traubenzucker) als Referenzwert (100) genommen. Somit sagt ein GI von 50 aus, dass nach Verzehr von 50 Gramm Kohlenhydraten dieses Lebensmittels der Anstieg des Blutzucker-Spiegels nur halb so groß ist wie nach dem Verzehr von Traubenzucker. Eine hoher GI korreliert in der Regel mit einer hohen Insulinausschüttung und einer Hemmung des Fettstoffwechsels. Ein GI von bis zu 50 gilt als niedrig, ein GI von über 50 bis 70 als ein mittlerer GI, und ein Wert von über 70 als ein hoher GI. Eine Ernährungsweise mit einem niedrigen bis mittleren GI wird seitens der WHO für eine gesundheitsförderliche Ernährung als empfehlenswert angesehen.

Der hohe Anteil an hitzebeständigen pflanzlichen Fettsäuren macht Kokosraspel und Kokosflocken zu einem hervorragenden Medium, um die charakteristischen Aromen der asiatischen Speisen zu transportieren und geschmacklich zu intensivieren. Die kleineren Kokosraspel eignen sich perfekt zum Kochen, Backen, Braten und Dekorieren, die größeren Kokosflocken auch als leckerer kohlenhydratarmer Snack für zwischendurch oder als optischer und kulinarischer Leckerbissen direkt über das Müsli gestreut.

In den Anbauländern gibt es ein kleines handliches Gerät *(Coconut Scraber)*, um das Kokosnussfleisch aus der Schale für Kokosflocken und Kokosmilch herauszuraspeln: Mit einer Schraubzwinge oder einem Saugfuß am Tisch befestigt und mit einer Handkurbel betrieben, löst ein Raspelkopf mit scharfen Klingen das frische Fruchtfleisch heraus. Die halbierte Kokosnuss wird dazu mit der einen Hand auf die Klinge aufgesetzt, mit der anderen Hand wird die Kurbel betätigt, bis das Fruchtfleisch vollständig herausgeschabt ist.

Da aber hierzulande frische Kokosnüsse und vor allem die passenden Geräte nur schwer erhältlich sind, haben wir für unsere Rezepte ab Seite 58 Kokosraspel und -flocken aus der Tüte verwendet. Qualitativ hochwertige Bio-Kokosraspel und Bio-Kokosflocken werden aus schonend getrocknetem frischen Kokosfruchtfleisch ohne weitere Zusatzstoffe und ohne Bleichung hergestellt. Trocken und kühl gelagert, sind sie in der verschlossenen Packung bis zu zwei Jahre haltbar.

Der Nektar der Kokosblüten wird traditionell in Handarbeit hoch oben in der Palme gewonnen. Wie bei allen Kokosprodukten gilt: Erntefrische und schonende Weiterverarbeitung zu Kokosblütenzucker sorgen für besonderen Genuss.

Kokosmus – mehr als ein Brotaufstrich

Kokosmus ist konzentrierter, feinster Kokosgeschmack in cremiger Konsistenz. Das Nussmus aus getrocknetem und fein vermahlenem Kokosfruchtfleisch kann vielseitig in der Küche eingesetzt werden – ein echtes Allroundtalent in der Fitnessküche, verwendbar sowohl als Brotaufstrich als auch zum Zubereiten eines leckeren Smoothies und für viele herzhafte wie süße Gerichte. Frei von Laktose und Milcheiweiß, frei von Weizen und Gluten, ist es ein fast unverzichtbarer Bestandteil unserer Rezepte für eine genussvolle fitnessorientierte Kokosküche (ab Seite 58).

Streichfähig wird das Kokosmus erst so richtig ab einer Temperatur über 24 °C. Bei kühleren Außentemperaturen kann es schonend im Wasserbad erhitzt werden, so lässt es sich leichter verarbeiten. Im verschlossenen Glas ist das Mus bis zu zwei Jahre haltbar.

Iss und trink Dich fit mit Kokos

Kokosprodukte sind in der Fitnessernährung vielseitig verwendbar. Sie sind ideal, um in Schule, Beruf und Alltag, beim Freizeitsport bis hin zum leistungsorientierten Sport und der anschließenden schnellen Regeneration beim Essen und Trinken positive Akzente zu setzen. Kokosnüsse bringen nicht nur die Tropensonne in die Küche. Auch ihre wertvollen Inhaltsstoffe sorgen für Ausgeglichenheit und gute Laune. Und sollte der innere Schweinehund zu laut werden, hilft Kokos, den Spaß an der Bewegung nicht zu verlieren. Besonders das Kokosöl spielt dabei eine besondere Rolle. Auf den ersten Blick vielleicht überraschend. »Fett macht fett, Fett macht langsam.« So denken viele.

Gutes Fett – schlechtes Fett?

Fette sind für unseren Körper unentbehrlich. Für keine einzige natürlich vorkommende Fettsäure konnte bisher eindeutig belegt werden, dass sie allein schlecht für den Körper ist. Lediglich Transfettsäuren, die unter anderem bei der industriellen Fetthärtung entstehen, haben nachweislich eine ungünstige Wirkung.

Fett hat mit etwa 9 Kilokalorien (kcal) pro Gramm eine hohe Energiedichte. Es liefert pro Gramm mehr als doppelt so viel Energie wie Proteine (4 kcal/g) und Kohlenhydrate (4 kcal/g). Fett ist damit für Fitness-Orientierte, die durch einen aktiven Lebensstil einen großen Energiebedarf haben und diesen auch unter Verträglichkeits- und Verdaulichkeitsgesichtspunkten möglichst effektiv decken müssen, ein effektiver und in vielen Situationen gut geeigneter Energielieferant. Denn für die gleiche Energiezufuhr ist quantitativ deutlich weniger Fett notwendig als mit Kohlenhydraten. Der Magen und Verdauungstrakt werden nicht mit großen Portionen belastet, und z. B. beim Bergwandern oder auf langen Radtouren müssen keine großen Lebensmittelrationen mitgenommen werden.

Fett ist nicht gleich Fett

Verzehrtes Fett wird im Körper nicht sofort in Speicherfett umgewandelt. Unser Körper arbeitet weitaus komplexer. Erst ein deutliches Zuviel an Fett und bestimmte Hormone, die durch die Kohlenhydrataufnahme ausgeschüttet werden, lassen die ungewünschten Fettdepots wachsen. Fette werden meist dann zum Gewichtsproblem, wenn sie mit größeren Mengen von Zuckern und Weißmehlprodukten verzehrt und deren Energie nicht zeitnah als Bewegung verbraucht wird.

Vor allem gesättigte Fettsäuren aus tierischen Lebensmitteln wie Butter, fetten Milchprodukten und Wurstwaren haben einen schlechten Ruf. Sie sollen einen Anstieg des »schlechten« LDL-Cholesterins begünstigen. Ein hoher LDL-Wert wird mit einem erhöhten Herz-Kreislauf-Erkrankungsrisiko verknüpft. Dass aber gesättigte Fettsäuren per se den LDL-Spiegel steigen lassen, ist ein Mythos. Beim Verzehr bestimmter gesättigter Fettsäuren kann sogar das »gute« HDL-Cholesterin ansteigen. Da für die Risikobewertung von Herz-Kreislauf-Erkrankungen der Quotient aus LDL und HDL herangezogen wird, ist der alleinige Blick auf den LDL-Wert nur bedingt aussagekräftig.

Für Fitness-Orientierte haben bestimmte gesättigte Fettsäuren sogar ganz besondere Vorteile. So hat es die gesättigte Fettsäure Laurinsäure im positiven Sinne in sich. Sie gehört zur Gruppe der »mittelkettigen« Fettsäuren, auch MCTs (aus dem Englischen: *medium chain triglycerides)* genannt. Natürliche MCTs liefern dem Körper schneller und effektiver als z. B. die bekannteren, mehrfach ungesättigten Fettsäuren Energie. Mittelkettige Fettsäuren kommen natürlicherweise auch in der Milch von Säugetieren und des Menschen vor. Allerdings liegen in natürlichen Lebensmitteln immer Gemische unterschiedlicher Fettsäurearten vor. Im Gegensatz dazu sind reine MCTs (als Präparat beim Sport oder für die Krankenernährung) immer industrielle Erzeugnisse und enthalten keine essentiellen Fettsäuren.

Fette aus mittelkettigen Fettsäuren sind deutlich besser in Wasser löslich als Fette aus langkettigen Fettsäuren. Daher sind zur Verdauung der MCTs nur minimale Mengen an Enzymen aus der Bauchspeicheldrüse und keine Gallensäuren notwendig. Dennoch werden die MCTs im Magen-Darm-Trakt sehr schnell gespalten und aufgenommen.

Ein weiterer großer Vorteil der MCT-Fette: Sie können sogar das Gehirn kurzfristig und nachhaltig mit Energie versorgen, z. B. wenn durch eine Low-Carb-Ernährung der Blutzuckerspiegel stark gesunken ist oder wenn beim Sport mit der Zielsetzung Gewichtsmanagement der Fettstoffwechsel angekurbelt und keine Kohlenhydrate verzehrt werden sollen (mehr dazu ab Seite 42, passende Rezepte ab Seite 58 mit dem Low-Carb-Symbol).

Extra natives Bio-Kokosöl weist mit bis zu 60 Prozent Laurinsäure von allen natürlichen Lebensmitteln den höchsten Gehalt an Laurinsäure auf. Es ist daher besonders gut geeignet, schnell und effektiv Energie zu liefern. Auch im Büro, bei langen körperlichen Aktivitäten und bei moderater sportlicher Belastungsintensität ist es besonders dann empfehlenswert, wenn der Schwerpunkt auf eine kohlenhydratarme Ernährung gelegt wird.

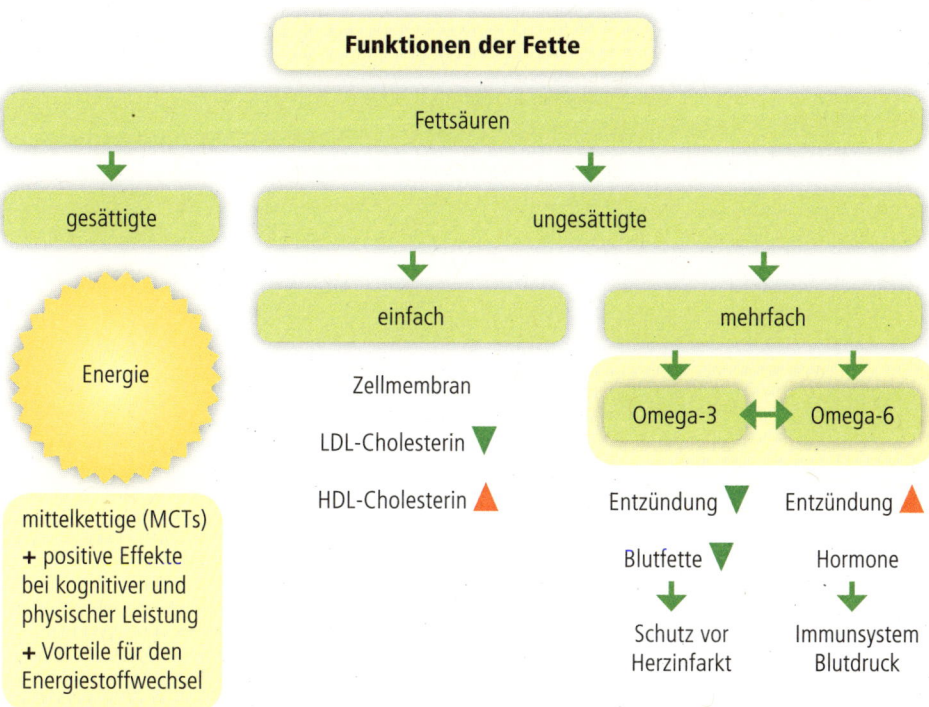

Für Fitnessbewusste wichtig: veränderter Blick aufs Fett

Richtig ist, dass ein niedriger Körperfettanteil für die körperliche Fitness und bei den meisten Sportarten mit vielen Vorteilen verbunden ist. Daher streben sportlich Aktive oft eine möglichst fettarme Ernährungsweise an. Zudem wird besonders auf die lebensnotwendigen, mehrfach ungesättigten Fettsäuren geachtet. Die MCT-Fette führen noch ein Schattendasein, sind aber auf dem besten Weg ins Rampenlicht.

Denn richtig ist auch, dass Fette die wertvollste Energiequelle darstellen. Hier sind besonders die mittelkettigen Fettsäuren zu nennen. Ihre Vorteile bei der energetischen Verwertung überwiegen: Sie sind leicht verdaulich, denn sie müssen nicht wie alle anderen Fette den Umweg über die Leber nehmen, bis sie verarbeitet werden können. Sie werden ohne ein spezielles Transportsystem direkt mit dem Blut zu den Stätten ihrer Verwertung, im Idealfall dem Muskel, gebracht. Daher liefern sie schnelle, kompakte Energie, die bereits von vielen Ausdauersportlern im Grundlagentraining, beim Wandern oder in Trainingslagern erfolgreich genutzt wird. Auch für das Gewichtsmanagement und sogar für die Körperfettreduktion in Kombination mit gezielten Bewegungs- und Ernährungsstrategien sind sie prädestiniert (mehr dazu ab Seite 31, passende Rezepte ab Seite 58 mit dem Symbol »Body«).

Ein weiterer Pluspunkt gegenüber anderen Fetten besteht darin, dass Umbauprodukte der MCT-Fette bereits kurz nach dem Verzehr dem Gehirn als Energielieferant und damit als Ersatz für den Blutzucker zur Verfügung stehen. Auch bei einer Low- oder No-Carb-Ernährung ist mit ihnen eine mittel- bis langfristig stabilisierte, hohe geistige Leistungsfähigkeit, Koordination und Konzentration verbunden. Besonders positiv dabei: Sie sorgen auch für gute Laune, denn die aus MCT-Fetten gebildeten Ketonkörper führen zu mehr Gehirnaktivität (passende Rezepte mit dem Symbol »Brain«). Und ähnlich wie sich ein Muskel, der bewegt wird, besser anfühlt, ist diese Gehirnaktivität mit leichten euphorischen Hochgefühlen verbunden. Zum anderen kann bei Kohlenhydratverzicht die Aminosäure Tryptophan leichter die Blut-Hirn-Schranke überwinden. Der Effekt ist auch vom Fasten bekannt. Tryptophan ist die Grundsubstanz für das Hormon Serotonin. Dessen Konzentration im zentralen Nervensystem steigt an, das hebt die Stimmung.

Fette sind effektive Energiequellen

Fette werden in Form einzelner Fettsäuren in die Mitochondrien (»Kraftwerke der Zellen«) der Muskelzellen eingeschleust und dort zu Energie abgebaut. Zum Ende des Energiebereitstellungsprozesses wird derselbe Weg wie bei den Kohlenhydraten eingeschlagen. Jedoch dauert der gesamte Prozess etwas länger, und es wird mehr Sauerstoff als bei der Verbrennung von Kohlenhydraten benötigt.

Durch gezielte körperliche Aktivität mit niedriger Intensität und Zufuhr geeigneter Fette wie Kokosöl kann das System des Fettsäureabbaus angepasst und ökonomisiert werden. Die Grundbedingung: Es muss darauf verzichtet werden, zeitnah Kohlenhydrate zu verzehren. Ansonsten macht es sich der Körper leicht und verwendet den aus den Kohlenhydraten umgewandelten Zucker als Energie. Das Gehirn benötigt etwa 5 Gramm Blutzucker in der Stunde. Das entspricht gerade mal einem Teelöffel Zucker. Werden mehr Kohlenhydrate verzehrt, steigt der Insulinspiegel. Insulin schaltet den Fettstoffwechsel aber ab. Soll aber der Fettstoffwechsel angekurbelt oder sogar Fett abgebaut werden, muss der Körper lernen, Fette als Energielieferanten zu nutzen. Das kann er nicht, wenn ständig Kohlenhydrate im Blut zur Verfügung stehen.

Insbesondere nach langen Aktivitäten mit niedriger Intensität wie Wandern, Nordic Walking, gemütliches Radfahren, Joggen, Inlinerfahren oder freizeitsportliches Schwimmen findet diese Anpassung statt. Dabei werden vermehrt Mitochondrien in den Zellen gebildet, mehr Fette in den Muskeln(!) gespeichert und anschließend wieder zur Energiegewinnung herangezogen. Bei körperlich fitten Personen stellen die in den Muskeln eingelagerten Fette bei niedriger Intensität der körperlichen Aktivität und bei hohen Bewegungsumfängen eine wichtige Energiequelle dar. Bei Intensitäten bis zu etwa 75 Prozent der maximalen Herzfrequenz können dann überwiegend Fette verbrannt werden. Vor allem, wenn das Laufen oder Fahrradfahren deutlich länger als eine Stunde andauert. Die im Rezeptteil mit »Low Carb« und »High Laurin« gekennzeichneten Rezepte helfen dabei.

Energie für Fitness-Orientierte

Je nach Stand der körperlichen Fitness und der Intensität der Bewegung stammt mehr als die Hälfte der während der Aktivität mobilisierten Fettsäuren aus den Muskeln selbst. Die andere Hälfte wird zum Teil durch das Fettgewebe bereitgestellt. Damit werden die ungewollten Fettpolster effektiv angegriffen und abgebaut. Zudem können bestimmte, direkt vor oder sogar während des Sports oder der langen Aktivität verzehrte Fette wie MCTs den Fettstoffwechsel unterstützen und auf hohem Niveau weiterlaufen lassen.

Empfehlungen für Sportler

vor dem Sport	**fetthaltige Snacks für zwischendurch**	**nach dem Sport/ in Ruhephasen**
leicht verdauliche Fette wie MCT-Fette (Kokosöl) Zusätzlicher Vorteil: Bei der Verstoffwechslung von MCT-Fetten entstehen Ketonkörper, die das Gehirn mit Energie versorgen können und die mentale Leistungsfähigkeit unterstützen.	Kokosflakes Nüsse Quark mit Leinöl 	Omega-3-reiche Fettquellen (Leinöl, Nüsse, Chiasamen)

ungünstig: Transfettsäuren (gehärtetes, frittiertes oder sehr stark erhitztes Fett)

Beim speziellen Grundlagenausdauertraining und beim gezielten Fettstoffwechsel-training kommt es oft zu Energiemangel und Hungerzuständen. Dann kann auf Fette zurückgegriffen werden, die MCT-Fette enthalten. Da sie leicht verdaulich sind, können sie schnell absorbiert und in Energie verwandelt werden. Ihr Energiegehalt ist mit etwa 8 kcal/g unwesentlich geringer als der Energiegehalt anderer Fette. Auch die geistige Leistung kann während Aktivitäten aufrechterhalten werden – wichtig fürs Durchhalten und für den Spaß an der Bewegung. Denn das Gehirn kann neben Glukose auch Ketonkörper verarbeiten, die aus MCT-Fetten schnell gebildet werden. So können mittelkettige Fettsäuren beim Sport oder bei langen Wanderungen ähnlich wie Kohlenhydrate die Stimmung heben und das subjektive Anstrengungsempfinden senken. Im Gegensatz zu verzehrten Kohlenhydraten schneiden sie den Fettstoffwechsel aber nicht ab. Die Zielsetzung »Fettreduktion« kann bei Aufnahme von MCTs ohne Einschränkung weiterverfolgt werden.

Wer Fette bei Fitnessaktivitäten mit niedriger Belastungsintensität einsetzen möchte, benötigt keine industriell hergestellten MCT-Sportnahrungspräparate. Es kann auf natürliche Lebensmittel zurückgegriffen werden. Empfehlenswert ist hochwertiges erntefrisches Bio-Kokosöl mit hohem Laurinsäuregehalt. Laurinsäure soll zudem positive Wirkung auf das Abwehrsystem des Körpers und eine antientzündliche Wirkung haben – weitere Pluspunkte für die Fitness.

Passende Fette für Low Carb

Viele Fitness-Orientierte reduzieren ihre Kohlenhydrataufnahme, Stichworte »Low Carb« oder »Train low – Race high« (siehe dazu auch Seite 44). Dennoch benötigt der Organismus ausreichend Energie. Häufig wird die eingesparte Kohlenhydratenergie nicht angemessen kompensiert. Infolgedessen kann es zu allgemeiner Müdigkeit, Leistungseinschränkungen vor allem bei einem sehr aktiven Lebensstil und zu einer erhöhten Infektanfälligkeit kommen.

Beim Gewichtsmanagement, beim Grundlagentraining, in Regenerationsphasen sowie bei einem aktiven Lebensstil haben sich Lebensmittel, die mittelkettige Fettsäuren aus Kokosöl enthalten, als »Kohlenhydratersatz« für die Energiebereitstellung bewährt.

Omega-3-Fettsäuren nicht vergessen

Mehrfach ungesättigte Omega-3-Fettsäuren sind lebensnotwendig, da sie der Körper nicht selbst produzieren kann, sie aber in jeder Zelle benötigt werden. Sie sollten regelmäßig mit hochwertigen Lebensmitteln wie Nüssen, Chiasamen, Lein- und Rapsöl verzehrt werden. Dabei kommt es auf den Zeitpunkt an. Während Kokosöl ideal ist, wenn anschließend Aktivitäten oder Sport geplant sind, sind ungesättigte Fettsäuren besonders vor Ruhephase sinnvoll. Ein Salat mit Leinöl eignet sich als Abendessen vor einem ruhigen Leseabend und nicht vor dem Training.

Besonders während einer gezielten Gewichtsreduktion oder in Verletzungsphasen sollte der Fokus auf einem ausgeglichenen Spektrum der Fettsäuren liegen.

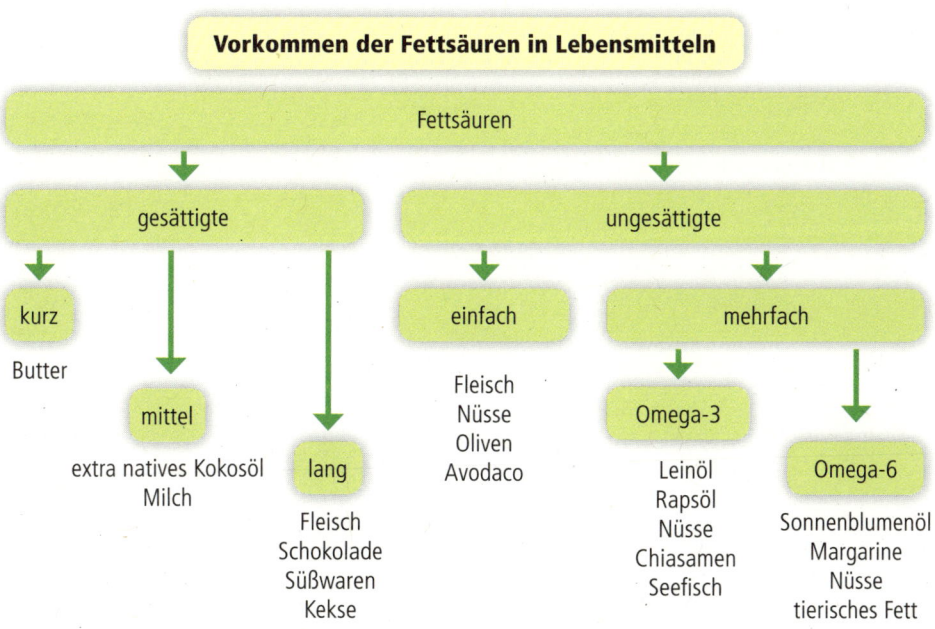

Gewicht im Griff und sportlich leichter ans Ziel mit Kokos

Unterschiedliche Fitnessziele erfordern unterschiedliche Maßnahmen, und nicht jeder Stoffwechsel funktioniert gleich. Daher gibt es nicht *das* eine Ernährungskonzept, das für jede Zielsetzung optimale Erfolge verspricht. Einige kommen besser mit einer verminderten Kohlenhydrataufnahme klar, andere verlieren ihre (Fett-) Pfunde schneller, wenn Fette eingespart werden. Wie meist bei Ernährungsfragen, gilt auch für die Wahl des individuell passenden Gewichtsmanagements und des gewünschten Fitnessziels, dass nur durch Ausprobieren, durch Reagieren auf das Körpergefühl und durch ausreichend Genussaspekte das individuell richtige Konzept gefunden werden kann. Allerdings gibt es deutliche Hinweise, wie Kokosprodukte helfen können, bei Ernährungskonzepten wie dem Intermittierenden Fasten oder dem Fettstoffwechseltraining die Zielerreichung zu unterstützen – und wie sie sich wunderbar in der Genussküche verwenden lassen.

Einfach und erfolgreich abnehmen, Gewicht halten

An sechs Tagen in der Woche mehrmals täglich Kohlsuppe zu verzehren, kann zur Qual werden – wenn nicht für den Diäthaltenden, dann zumindest für die Menschen im nahen persönlichen Umfeld. Von Kohlsuppendiät bis FDH, von Formuladiät bis Heilfasten – um das Gewicht zu halten oder um abzunehmen, stehen unzählige mehr oder weniger sinnvolle Varianten zur Wahl. Für alle Varianten gilt: Nur mit regelmäßiger Bewegung macht gezieltes Gewichtsmanagement wirklich Sinn. Wenn die Atemfrequenz deutlich steigt und die Bewegung mindestens zehn Minuten am Stück durchgeführt wird, kommt der Stoffwechsel auf Touren. Der Energieverbrauch steigt. Ist der Bewegungsreiz ausreichend intensiv, kommt es im Anschluss an die Aktivität zu Anpassungsprozessen im Organismus. Je nach Art des Trainings vergrößern sich die Muskeln oder verbessert sich die Ausdauer. Beide Prozesse erhöhen den Grundumsatz. Trainierte verbrennen daher auch bei körperlicher Ruhe mehr Energie als Untrainierte. Sie haben es leichter, ihr Gewicht zu halten oder es bei Bedarf zu reduzieren.

Beim Gewichtsmanagement sind zwei Faktoren entscheidend. Zunächst sollte der Gesamtenergieumsatz durch ausreichend lange und intensive Aktivitäten möglichst hoch sein. 30 Minuten Aktivität täglich, mit einer Intensität, bei der man wegen der Anstrengung nicht mehr singen kann, sind das Minimum. Besser ist es, mindestens viermal in der Woche 30 Minuten so intensiv aktiv zu sein, dass keine kompletten Sätze mehr gesprochen werden können. An weiteren drei Tagen sollte die Aktivität dann 45, besser 60 Minuten andauern und wieder so intensiv sein, dass nicht mehr gesungen werden kann.

Daneben gilt es, die richtigen Energiereserven des Körpers anzuzapfen. Schließlich soll das Körperfett und nicht die Muskelmasse abgebaut werden. Auch wer zur Badesaison kurzfristig den restlichen Winterspeck loswerden oder in der direkten Vorwettkampfphase auf einen sportlichen Höhepunkt hin kurzfristig das Körpergewicht verringern möchte, sollte gezielt Körperdepotfett vermindern. Das funktioniert ideal, wenn den »Brennöfen« in den Körperzellen der richtige »Brennstoff« zur Verfügung steht.

Früher hui, heute pfui? Kohlenhydrate

Die klassische Ernährungslehre lehnt Low-Carb-Konzepte ab. Zahlreiche aktuelle Studien hingegen kommen zu dem Schluss, dass eine deutliche Reduktion der Kohlenhydrate bei Betonung hochwertiger Eiweiße und Fette auch längerfristig vorteilhaft sein kann. Low Carb führte bei den meisten Studien schneller zu einer Gewichtsreduktion als die bekannten Diäten mit reduzierter Fettzufuhr (=Low Fat).

Da weniger kohlenhydrathaltige Lebensmittel gegessen werden, steigt der Anteil von Eiweiß und Fett. Fleisch, Eier, Milchprodukte und Fisch, Nüsse, Samen und Hülsenfrüchte stehen dann auf dem Speiseplan, ebenso Gemüse. Um die üblichen Beilagen Nudeln, Reis, Kartoffeln genusstechnisch zufriedenstellend zu ersetzen, bedarf es anfangs oft einer Anleitung. Bei der Umstellung auf eine vegetarische Ernährungsweise ohne Fleisch und Fisch ist Low Carb einfach zu realisieren. Schwieriger wird es bei der rein veganen Lebensmittelauswahl. Tierisches Eiweiß kann aber durch sinnvolles Kombinieren pflanzlicher Eiweißquellen ersetzt werden. Mit dem Rezeptteil dieses Buchs fällt dies auch Veganern leicht.

Für sportlich Aktive war eine Low-Carb-Ernährung lange Zeit undenkbar. Heute ist diese Art des Essens und Trinkens auch bei Fitness-Orientierten und Sportlern beliebt. Wenn nicht ausreichend Kohlenhydrate zur Verfügung stehen, muss der Körper auf Fett als Dauerenergielieferant zurückgreifen. Das ist für das gezielte Gewichtsmanagement von Vorteil. Auch beim Grundlagenausdauertraining und für die Regenerationsphase am Ende einer Saison kann eine Kohlenhydratlimitierung sinnvoll sein. Für Gesundheitsorientierte und für Hobbysportler in den meisten Sportarten kann Low Carb so eine echte Alternative sein.

Leistungsorientierte Aktive werden mit ihr aber nur phasenweise glücklich. Für intensiver trainierende Sportlerinnen und Sportler lassen sich bei einer kohlenhydratarmen Ernährung viele Trainingseinheiten nur noch mit größerem Anstrengungsempfinden und geringerer Trainingseffektivität realisieren. Eine Low-Carb-Basiskost, ergänzt mit trainingsspezifisch sinnvollen Kohlenhydratarten und -mengen, z.B. Bio-Kokoszucker und Bio-Kokossirup, ist aber auch für Champions eine echte Alternative zur klassischen Sportlerkost (passende Rezepte sind ab Seite 58 mit »High Carb« gekennzeichnet).

Fettverbrennung in Insulinpausen

Kohlenhydrate sind eine schnell verfügbare, kurzfristig einsetzbare Energiequelle für Höchstleistungen. Fürs Gewichtsmanagement sind sie aber nur in den Situationen geeignet, in denen tatsächlich schnellstmöglich Energie zur Verfügung stehen muss. Werden Kohlenhydrate verzehrt, steigt der Blutzuckerspiegel. Dadurch kommt es zur Ausschüttung des Hormons Insulin in die Blutbahn. Insulin öffnet die Zellwände, damit der Blutzucker in die Zellen eingelagert werden kann. Da in dieser Situation ausreichend Kohlenhydrate als Energie zur Verfügung stehen, wird die Fettverbrennung deutlich verringert oder sogar ganz abgeschaltet.

Werden hingegen sinnvolle Fette verzehrt, die ebenfalls schnell Energie liefern, den Blutzuckerspiegel aber nicht ansteigen lassen, wird die Fettverbrennung nicht abgeschaltet. Deshalb werden in allen zeitgemäßen Gewichtsmanagementkonzepten sogenannte Insulinpausen gefordert, in denen das Blut möglichst frei von Insulin ist. Nur dann kann Fett effektiv auch in körperlicher Ruhe, bei der Büroarbeit oder leichter körperlicher Betätigung als Hauptenergiequelle in den Muskeln verbrannt werden.

Futter für die grauen Zellen

Der Nachteil typischer fettreicher Speisen ist, dass sie kurzfristig keine Energie für das Gehirn liefern. Die Konzentrationsfähigkeit sinkt, die Müdigkeit steigt. Im Arbeitsalltag, in der aktiven Freizeit und für die Fitness sind Fette mit mittelkettigen Fettsäuren wie der Laurinsäure eine gute Wahl. Denn sie können auch dem Gehirn kurzfristig Energie liefern. Die mentale Frische bleibt erhalten. Alltagsaktivitäten können weiterhin ohne Mühe erledigt werden (siehe dazu auch Seite 48). Weiterer Vorteil: Die Fettverbrennung läuft auf hohem Niveau weiter.

Intermittierendes Fasten fürs langfristige Gewichtsmanagement

Ein Konzept für das Gewichtsmanagement und zur langfristigen Körperfettreduktion hat sich aktuell besonders bewährt: das Intermittierende Fasten. Fitness-Orientierte können es perfekt mit einem gezielten Fettstoffwechseltraining zur Verbesserung der Ausdauerleistungsfähigkeit kombinieren.

Das Intermittierende Fasten ist nicht neu. Als therapeutischer Ansatz wird diese Form des Fastens bei Übergewicht und einigen Stoffwechselerkrankungen schon seit vielen Jahrzehnten praktiziert, mit nachweisbaren positiven Effekten. Risiken, an klassischen Zivilisationskrankheiten zu erkranken, werden reduziert. Der Gewichtsverlust erfolgt nachhaltiger und gelingt leichter – wenn auch weniger schnell als mit herkömmlichen Crash-Diäten.

Das Wort »Fasten« stammt aus dem Mittelhochdeutschen und steht für einen zeitweiligen Verzicht auf bestimmte Lebensmittel. Einst hatten Fastenzeiten einen ganz natürlichen Hintergrund. Während wir heutzutage fast alle Lebensmittel das ganze Jahr über zu fast jeder Tages- und Nachtzeit kaufen können, gab es früher die Jahreszeit am Ende des Winters, in der die Vorräte aufgebraucht waren, aber noch keine Frucht auf den Feldern oder Bäumen wuchs. Ohne gut bestückte Supermarktregale hieß dies zwangsläufig: den Gürtel enger schnallen. Neben diesem eher unfreiwilligen Hungern gab und gibt es jedoch auch eine lange Tradition des bewussten Nahrungsentzugs: Fasten als eingeschränkte Nahrungsaufnahme im Rahmen eines festgelegten zum Teil religiös motivierten Lebensstils oder Rituals. So kennt man im Judentum verschiedene Fastentage, wie zum Beispiel den Versöhnungstag. Im Islam gibt es den Ramadan. Im Christentum gelten die 40 Tage vor Ostern ab Aschermittwoch als Fastenzeit. Im religiösen Kontext bedeutet Fasten nicht nur eine Kalorienreduktion oder die Reinigung des Körpers, sondern insbesondere auch des Geistes und der Seele. Im nicht religiös motivierten Fasten dominiert das therapeutische Fasten wie das Saft- oder Molkefasten.

Über wissenschaftlich abgesicherte, physiologisch sinnvolle und vor allem langfristige Wirkungen der verschiedenen Fastenkuren herrscht Uneinigkeit. Oft folgt dem Fasten als radikalem Einschnitt in das bisherige Ess- und Trinkverhalten keine Verhaltensänderung nach Beendigung der Fastenzeit. Alte Gewohnheiten, die zu Übergewicht geführt oder Stoffwechselerkrankungen gefördert haben, werden am Ende der Fastenzeit meist wieder genauso wie vorher gepflegt. Ein langfristiger Erfolg bei der Gewichtsreduktion oder der Stabilisierung des Körpergewichts ist damit ebenso unwahrscheinlich wie die effektive Prävention beispielsweise vor Diabetes mellitus oder Herz-Kreislauf-Erkrankungen.

Wer hingegen regelmäßig an zwei Tagen in der Woche fastet und es zwischen den Fastenperioden hinsichtlich der Völlerei nicht übertreibt, profitiert von verbesserten Entzündungs-, Glukose- und Fettwerten sowie langfristig von einem verminderten Blutdruck. Diese spezielle Form der Nährstoffbeschränkung wird als Intermittierendes Fasten (IF) bezeichnet. Neben den wissenschaftlich dokumentierbaren Vorteilen besticht diese Art des Fastens durch ihre einfache Umsetzbarkeit.

Fitness mit IF

Vor allem Sport-Anfänger, gesundheitsorientierte Aktive mit geringen Bewegungsumfängen von weniger als fünfmal 30 Minuten körperlicher Aktivität pro Woche mit einer Intensität, bei der man nicht mehr singen kann, sowie Fitness-Orientierte mit Wunsch nach langfristigem Gewichtsmanagement werden mit dem Intermittierenden Fasten die individuellen Ziele leicht erreichen können. Durch die spezielle Aktivierung des Fettstoffwechsels wird Fett nicht als »Hüftgold« gespeichert, sondern direkt als Energie verbrannt.

Da beim Intermittierenden Fasten nur an zwei Tagen in der Woche weniger gegessen wird als üblich, besteht kein Risiko einer einseitigen Lebensmittelauswahl und einer nicht bedarfsgerechten Nährstoffzufuhr – sofern an den fünf Tagen ohne Lebensmitteleinschränkung viele nährstoffreiche, frische Lebensmittel gegessen werden.

Zweimal wöchentlich fasten – jahrelang profitieren

Das Intermittierende Fasten beschreibt einen bestimmten Essrhythmus. Es wird zwischen fest definierten Zeiten der normalen ausgewogenen Nahrungsaufnahme und dem bewussten, aber nicht vollständigen Verzicht auf feste Nahrung gewechselt. Entgegen dem klassischen Fasten werden beim Intermittierenden Fasten relevante Lebensmittelmengen verzehrt, aber nur zu bestimmten Zeiten und vor allem mit bestimmten Zeitabständen. Sinnvolle Insulinpausen entstehen so über zwei komplette Tage in der Woche.

Diese Form der Energieeinschränkung ist nachweisbar ebenso effektiv wie eine kontinuierliche Einsparung der Energiezufuhr über einen längeren Zeitraum. Bewiesen ist dies für den Gewichtsverlust und die Insulinsensitivität als ein Faktor des Diabetesrisikos. Auch der oxidative Stress sowie die Triglyceridwerte im Blut sinken. Auch ein wünschenswerter Gleichgewichtszustand wichtiger Hormone, die das Körpergewicht stark beeinflussen können, wird auf diese Weise herbeigeführt. Zu ihnen zählen beispielsweise das Hormon Leptin, das eine wichtige Rolle beim Hungerempfinden und im Fettstoffwechsel hat, oder das Wachstumshormon IGF-1 *(insulin like growth factor 1)*. Durch das Intermittierende Fasten sinken die Werte des »schlechten« LDL- und des Gesamtcholesterins, was positive Auswirkungen auf das Herz-Kreislauf-Erkrankungsrisiko mit sich bringt. Diese Wirkungen lassen sich sogar in unterschiedlicher Ausprägung bei verschiedenen Organen wie der Leber, in den Blutgefäßen, dem Fettgewebe, der Bauchspeicheldrüse oder in den Skelettmuskeln nachweisen.

Fitness-Begeisterte und Sportler haben inzwischen das Intermittierende Fasten entdeckt, wenn sie z. B. ihren Körperfettanteil mittelfristig effektiv reduzieren möchten. Sie profitieren davon, dass trotz gezielter Einschränkung der Energieaufnahme ein zielführendes Training möglich ist. Denn es kommt nicht zum Rückgang der Muskelmasse wie bei herkömmlichen Diäten.

Das Intermittierende Fasten ist leicht durchzuführen und kann auf die individuelle Lebenssituation abgestimmt werden. Ein weiterer Vorteil ist, dass sogar eine dauerhafte Ernährungsumstellung möglich ist und damit einem Jo-Jo-Effekt vorgebeugt werden kann. Die überaus positiven Durchhalteraten, sowohl bei Übergewichtigen als auch bei Sportlern, belegen dies eindrucksvoll.

An zwei Tagen in der Woche wird eine Energiemenge von nur etwa 500 kcal/Tag (Frauen) bzw. etwa 600 kcal/Tag (Männer) verzehrt. Genauer: Die Energieaufnahme wird an den Fastentagen auf 25 Prozent des »normalen« gesamten Tagesenergieverbrauchs reduziert. Zwischen diesen Tagen liegen Tage mit normalem Ess- und Trinkverhalten. Sehr gut geeignet für die IF-Tage sind die mit »High Laurin« gekennzeichneten Rezepte (ab Seite 58).

Fasten und Bewegung

Zu den meisten Fastenkuren wird angemessene Bewegung empfohlen, intensive körperliche Anstrengung wird aber bei fast allen Fastenarten vermieden.

An den Nicht-Fasten-Tagen beim Intermittierenden Fasten wird empfohlen, sich täglich mindestens 30 Minuten zu bewegen. Die Intensität der Aktivität liegt im mittleren bis hohen Bereich der individuellen Leistungsfähigkeit. Das bedeutet, es können während der Bewegungseinheit keine ganzen Sätze mehr gesprochen werden. Auf diesem Intensitätsniveau werden überwiegend Kohlenhydrate verbrannt. An den Fastentagen stehen den Muskeln kaum Kohlenhydrate zur Verfügung. Die Muskeln werden dahin trainiert, überwiegend Fett anstatt Kohlenhydrate zu verbrennen. Aktivitäten an IF-Tagen sollten mit geringerer Intensität durchgeführt werden, um einen zusätzlichen Reiz für die Anpassung an die Fettverbrennung zu provozieren.

Wenn den Muskeln über Wochen nur geringe Mengen an Kohlenhydraten zur Verfügung stehen, gelingt es mittelfristig, den Kohlenhydratstoffwechsel auf die überwiegende Verstoffwechslung von Fetten umzustellen. Auch in Ruhe läuft der Muskelmotor dann lieber mit Diesel (Fette) als mit Super (Kohlenhydrate). So schmelzen die Fettpolster auch im Schlaf – langsam, aber sicher.

»Normales« Fasten, gleichgültig nach welcher klassischen Fastenmethode das Gewicht bzw. der Körperfettanteil reduziert werden soll, ist beim Sport keine gute Idee. Während des klassischen Fastens sind keine Trainingsanpassungen zu erwarten. Zudem gehen Sportlern im Training schnell »die Körner« aus, wenn sie fasten. Die Leistungsfähigkeit sinkt. Eine Saison- oder Wettkampfvorbereitung mit relevanten Bewegungsumfängen und -intensitäten wird unmöglich. Beim Freizeitsportler steigt das Anstrengungsempfinden, die gewohnten Aktivitäten fallen viel schwerer als sonst. Spaß und Freude an der Bewegung kommen nicht mehr auf.

Mit der angepassten Form des Fastens können diese negativen Effekte vermieden und das Körperfett gezielt optimiert werden. Denn beim intensiven Training an den Nicht-IF-Tagen stehen immer ausreichend »Körner« zur Verfügung. Es ist demnach beides möglich: eine gezielte Gewichts- bzw. Körperfettreduktion und eine hohe, sportartspezifische Trainingsaktivität. Neben Wiedereinsteigern mit einer gewissen Grundfitness profitieren vor allem diejenigen vom Intermittierenden Fasten, die in der direkten Vorbereitungsphase vor einem wichtigen Wettkampf mittels Erhöhung von Intensitäten und möglichen Umfängen einen kurzfristigen Formsprung erzielen wollen. Beste Voraussetzung für die Zielsetzung: individuelle Bestzeit.

Kein intensives Training an den Fastentagen

Wichtig: nur trainingsfreie Tage oder Tage mit regenerativem Training mit niedriger Belastungsintensität als IF-Tage nutzen. In keinem Fall darf an den Fastentagen mit hoher Intensität trainiert oder Intervalltraining durchgeführt werden. Das körpereigene Abwehrsystem wird ansonsten stark in Mitleidenschaft gezogen. Mit einem Pulsmesser kann die individuelle Intensität leicht gesteuert werden. Höher als im Grundlagenausdauertraining (GA1) üblich sollte die Herzfrequenz nicht steigen. 55 bis maximal 70 Prozent der maximalen Herzfrequenz sind eine gute Richtschnur.

Schematische Übersicht des Intermittierenden Fastens nach dem 5:2 Prinzip[1]
(Beispiel-Woche)

Tag 3

trainingsfreier Tag

Fastentag

Energieaufnahme entspricht 25 % des Tagesenergie-verbrauchs**

Tag 6

trainingsfreier Tag

Fastentag

Energieaufnahme entspricht 25 % des Tagesenergie-verbrauchs**

Tag 1

Trainingstag

Isokalorische Energie-aufnahme*

Tag 2

Trainingstag

Isokalorische Energie-aufnahme*

Tag 4

Trainingstag

Isokalorische Energie-aufnahme*

Tag 5

Trainingstag

Isokalorische Energie-aufnahme*

Tag 7

Trainingstag

Isokalorische Energie-aufnahme*

[1] Fastentage können, beispielsweise in Abstimmung mit dem Trainingsplan, variiert werden.

* An Trainingstagen die Ernährung nach dem Sport so zusammenstellen, dass sie die Regeneration fördert und den Gesamtenergieverbrauch bedarfsgerecht deckt.

** Wenn Training, dann nur regenerative Einheiten oder Grundlagenausdauer und zeitlich genau festgelegte Nahrungsaufnahme.

Sportliche Ziele leichter erreichen

Während für Gesundheitsorientierte zusätzlich Nüchterntrainingseinheiten eingesetzt werden können, um die Fettverbrennung zu beschleunigen, sollten Fitness-Begeisterte und leistungsorientierte Sportlerinnen und Sportler, die ihr Gewicht auf einen Saisonhöhepunkt oder zur Wettkampfphase hin optimieren möchten, neben dem Intermittierenden Fasten zur Optimierung des Energiehaushalts ein gezieltes Fettstoffwechseltraining durchführen.

Bei Sportlern kann eine Körperfettreduktion in der Vorbereitung auf einen Wettkampf oder auf die Wettkampfphase sinnvoll sein. Sie erfolgt ideal am Ende der Vorwettkampfphase. Bei Ausdauersportlern wie Marathonläufern, Triathleten, Rad- oder Bergsportlern erfolgt diese gezielte Körperfettverminderung, die nicht unbedingt auch eine Körpergewichtsverminderung sein muss, sechs bis drei Monate vor dem wichtigen Event oder der Wettkampfsaison.

Im letzten Monat der Vorbereitung ist das Intermittierende Fasten fehl am Platz, da hier große Umfänge mit höchsten Intensitäten kombiniert werden. Eine gezielte Gewichtsreduktion kann hier zu reduzierter Leistungsfähigkeit führen.

Wer sein Körpergewicht in der mittelfristigen Vorbereitung durch Intermittierendes Fasten reduziert, profitiert in der letzten Vorbereitungsphase deutlich vom optimierten Fettstoffwechsel. Es werden intensivere und längere Trainingseinheiten möglich, jedes nicht vorhandene Gramm Fett fällt positiv auf.

Auch bei der Sportvariante des Intermittierenden Fastens wird je nach Trainingsplan an zwei Tagen in der Woche die Energieaufnahme drastisch auf 25 Prozent des normalen Tagesenergieverbrauchs reduziert. Die an den zwei Fastentagen zu verzehrende Energiemenge richtet sich nach dem individuellen Energiebedarf. Er ist abhängig von Geschlecht, Größe, Körpergewicht und Alter sowie von der allgemeinen körperlichen und sportlichen Aktivität.

Um die IF-Tage hinsichtlich der Optimierung des Fettstoffwechsels ideal ausnutzen zu können, ist der Kohlenhydratverzehr an diesen Tagen möglichst gering zu halten. Zucker und Weißmehlprodukte sind an den IF-Tagen völlig zu vermeiden. Dadurch kann der Anteil der Fettverbrennung an der Gesamtenergiebereitstellung erhöht werden. Ein verbesserter Fettstoffwechsel schont die begrenzten Kohlenhydrat-Energiespeicher während der Aktivität in Training und Wettkampf.

Die Wahrscheinlichkeit, im Ausdauerwettkampf oder in Turniersituationen dem gefürchteten »Mann mit dem Hammer« zu begegnen, nimmt ab. Auch das Belastungsempfinden sinkt, weil für die Versorgung des Gehirns länger Blutzucker zur Verfügung steht. Die Aktivität fällt leichter, der Spaßfaktor steigt – ideale Voraussetzungen für die persönliche Bestzeit.

»Kugelsicher« leichter durchhalten

Vielen fällt es schwer, mit der geringen Energiemenge an IF-Tagen auszukommen. Ein Frühstücksersatz durch einen sogenannten *Bullet proof coffee* beeinflusst den Blutzuckerspiegel und damit den Insulinspiegel nicht, liefert aber gleichzeitig über hochwertige mittelkettige Fettsäuren wie die Laurinsäure schnell verfügbare Energie auch für das Gehirn. Hochwertige Bio-Kokosöle zeichnen sich durch einen Anteil von bis zu 60 Prozent Laurinsäure am Gesamtfett aus.

Für einen derartigen »Energie-Frühstückskaffee« werden ein bis zwei Tassen frisch gebrühter schwarzer Kaffee oder Espresso mit einem Teelöffel Bio-Butter und einem Teelöffel Bio-Kokosöl püriert. Veganer können auch zwei Teelöffel Bio-Kokosöl verwenden. Wer keinen Kaffee mag, versucht die Mischung mit Schwarztee oder grünem Tee.

Exemplarischer IF-Tag

Die Übersicht auf Seite 41 stellt einen exemplarischen Tag des Intermittierenden Fastens dar. Zielsetzungen sind die reduzierte Energieaufnahme von etwa 25 Prozent der normalen Tagesenergiezufuhr sowie die gleichzeitige deutlich verminderte Kohlenhydratzufuhr. Die Tagesübersicht ist bezogen auf einen Energieverbrauch an einem Nicht-IF-Tag von rund 2400 kcal.

Wichtig: Wird an Sport-IF-Tagen (leicht) trainiert, ist die während des Trainings verbrauchte Energiemenge zusätzlich zu verzehren. Hier gilt die Faustformel: eine Kilokalorie pro gelaufenem Kilometer pro Kilogramm Körpergewicht.

Beispiel: Wird bei 70 kg Körpergewicht ein lockerer Entspannungslauf über 5 km durchgeführt, darf die Energieaufnahme um $70 \times 5 = 350$ kcal erhöht werden. Wird etwa 1 Stunde bei mittlerer Geschwindigkeit Rad gefahren, sind ebenfalls 350 kcal zusätzlich zu verzehren.

Mit optimierter Fettverbrennung zu optimaler Fitness

Der Verzehr von kohlenhydratreichen Lebensmitteln bewirkt im Körper die Ausschüttung von Insulin, das die Freisetzung von Fetten aus dem Fettgewebe hemmt. Insulin steigert sogar den Neuaufbau von Fett in den Fettzellen. Damit wird der Abbau von Fetten aus den körpereigenen Depots und deren Verbrennung sowohl in Ruhe als auch während körperlicher Aktivität und beim Sport unterbunden. Beide Effekte, der unterdrückte Abbau von körpereigenem Fett sowie der Aufbau

Exemplarischer IF-Tag

Frühstück:
Bullet-Proof-Kaffee (siehe Seite 40)
oder
Früchtejoghurt aus:
150 – 200 g Naturjoghurt 1,5 % Fett
50 – 60 g schwarze Johannisbeeren
(oder tiefgekühlte Beerenmischung)
oder
1 Portion Frozen Yogurt (Rezept Seite 110)

»Insulinpause«

Mittagessen:
½ Portion der Suppen, Salate und Hauptmahlzeiten mit Low-Carb-Symbol (siehe Rezeptteil)
oder
Rührei aus:
2 Eier
etwas Milch
frische Kräuter
und dazu
250 g Brokkoli, Blumenkohl, Rosenkohl oder Spinat (auch gemischt)

»Insulinpause«

Abendessen:
½ Portion einer Hauptmahlzeit mit Low-Carb-Symbol (siehe Rezeptteil)
oder
Salat aus:
1 große Portion (150 g) Feldsalat oder Rucola
1 Tomate
Zwiebeln nach Belieben
6 – 8 schwarze Oliven
2 EL Essig nach Wahl, 1 TL Leinöl, Salz und Pfeffer
frische Kräuter nach Belieben

Gesamtenergie: etwa 600 kcal

neuer Fette in den Fettzellen, sind nicht sinnvoll, wenn das Körpergewicht und damit der Körperfettanteil reduziert werden soll.

Kohlenhydrate für die Fitness-Steuerung

Die Art der Kohlenhydrate und ihr Glykämischer Index (siehe dazu Seite 21) lassen sich mit Erfolg einsetzen, um die Menge der während Aktivitäten mit leichter bis moderater Intensität verbrauchten Fette zu steuern. Nach einer Mahlzeit mit hohem GI erfolgt eine verminderte, nach Aufnahme einer Mahlzeit mit niedrigem GI eine erhöhte Fettverbrennungsrate über Stunden.

Für das Gewichtsmanagement gilt daher, dass die Zufuhr einer Mahlzeit mit niedrigem GI, drei Stunden vor der körperlichen Aktivität, zu einer höheren Rate der Fettverbrennung während einer Belastung führt als eine Mahlzeit mit identischen Kalorien, aber hohem GI. Der Verzehr von Kohlenhydraten mit hohem GI in den letzten drei Stunden vor einer Belastung führt zu einer niedrigen Fettoxidationsrate – gut für den sportlichen Wettkampf, schlecht für das Gewichtsmanagement.

Wer sich gezielt bewegt, um Gewicht zu verlieren – ob beim Sport, beim Wandern oder bei der Gartenarbeit –, sollte eine andere Ernährungsstrategie verfolgen als Sportler, die bei sportlichen Disziplinen durch eine gezielte Ernährungsweise die Leistung optimieren möchten. Das trifft sowohl auf die Auswahl der Lebensmittel als auch auf den Zeitpunkt der Aufnahme zu.

Relative und absolute Fettverbrennung unterscheiden

Die Begriffe »relativer Fettanteil« und »Fettverbrennungsrate« werden beim Thema Fettstoffwechsel oft in einen Topf geworfen. Bei sehr niedriger Intensität körperlicher Aktivitäten ist der Fettanteil an der Gesamtenergiebereitstellung tatsächlich am höchsten. In Ruhe oder auf dem Bürostuhl sitzend, beträgt er mehr als 80 Prozent. Zwar ist hier der prozentuale, relative, Anteil hoch. Die absolut verbrannte Menge an Fett ist aber selbstverständlich sehr gering, weil insgesamt sehr wenig Energie benötigt wird. Es fehlt die körperliche Aktivität als Energieverbraucher. Mit zunehmender Intensität der Bewegung steigt daher zunächst die absolute Menge des Fetts an der Gesamtenergiebereitstellung bis zum oben auf Seite 43 genannten Intensitätswert an, auch wenn ihr relativer Anteil am gesamten Energieverbrauch sinkt.

Fettstoffwechseltraining und Fettabbautraining

In nahezu allen Sportarten, im Gesundheitssport und bei der Zielsetzung Gewichtsabnahme, wird ein sogenanntes »Fettstoffwechseltraining« empfohlen. Dabei wird oft das Training, das sportliche Ziele verfolgt, mit einem Fettabbautraining, das der reinen Verminderung von Körperdepotfett dient, verwechselt.

Je länger trainiert wird, desto höher sind der Anteil und die Menge des Fetts an der Gesamtenergiebereitstellung. Für Freizeitsportler, die Gewicht abbauen möchten, macht es dennoch keinen Sinn, eine bekannte Strecke bewusst langsamer zu laufen, um mehr Fett zu verbrennen. Für diese Zielsetzung muss auch der Umfang, sprich die Streckenlänge, erhöht werden.

Übersteigt hingegen die Lauf- oder Radfahrgeschwindigkeit oder allgemein die Belastungsintensität einen bestimmten, individuellen Grenzwert, wird die Fettverbrennung nahezu vollständig abgeschaltet. Daher sollten Aktivitäten mit mehr als 85 Prozent der individuellen maximalen Herzfrequenz für diese Zielsetzung vermieden werden. Der optimale Trainingsbereich, um die größte Menge Fett an der Gesamtenergiebereitstellung zu beteiligen, liegt im oberen Bereich der Grundlagenausdauer 1. Das entspricht etwa 65 bis 70 Prozent der maximalen Herzfrequenz (messbar über einen Pulsmesser).

Kohlenhydrate vor dem Sport vermeiden

Die höchste Fettverbrennungsrate wird direkt am Morgen durch Sport noch vor dem Frühstück erzielt. Das heißt nicht, dass nach der nächtlichen Nahrungskarenz bei der sportlichen Aktivität insgesamt mehr Energie verbrannt wird, aber die benötigte Energie stammt zu einem größeren Anteil aus den Fettdepots. Allerdings ist ein solches Vorgehen nur für niedrige bis moderate Belastungen (maximal 70 Prozent der individuellen maximalen Herzfrequenz) empfehlenswert. Weniger gut Trainierte sollten so nicht länger als 60 Minuten aktiv sein.

Allgemein empfiehlt sich daher beim Ziel, möglichst viele körpereigene Fette zur Energiegewinnung heranzuziehen, in erster Linie morgens nüchtern Sport auf einem niedrigen bis mittleren Intensitätsniveau zu treiben. Bezogen auf die Herzfrequenz bedeutet dies je nach Grad der Trainiertheit zwischen 50 und 70 Prozent der maximalen Herzfrequenz.

Wird nicht morgens, sondern im weiteren Tagesverlauf trainiert, ist es zur Unterstützung des Fettstoffwechsels hilfreich, bis zu drei Stunden vor der Aktivität nur noch insgesamt wenig zu essen und vor allem keine Kohlenhydrate mehr. Wer Hunger verspürt, greift zu einer nahezu kohlenhydratfreien, leicht verdaulichen Mahlzeit. Kohlenhydratfreie Gerichte, die mit Kokosöl zubereitet werden, haben den Vorteil, dass sie auch dem Gehirn Energie liefern, ohne den Blutzuckerspiegel zu erhöhen. Die Stimmung und der Spaßfaktor steigen. Das Durchhalten fällt leichter (Rezepte dazu sind ab Seite 58 mit »High Laurin« und »Low Carb« gekennzeichnet).

Wer es gern etwas süßer mag, kann geringe Mengen von Lebensmitteln mit niedrigem Glykämischen Index, wie natürliche Sojadrinks gesüßt mit etwas Kokossirup oder -zucker, verzehren. Auch so wird die Fettverbrennung während der Aktivität weitgehend aufrechterhalten.

Eine Kohlenhydrataufnahme während körperlicher Aktivität sollte bei der Zielsetzung Fettreduktion nur bei langer Dauer und hoher Intensität erfolgen, das heißt erst ab einer Aktivitätsdauer von mehr als 90 Minuten und einer Intensität über 80 Prozent der maximalen Herzfrequenz. Freizeitsportler mit der Zielsetzung, Gewicht zu reduzieren, benötigen während der Aktivität keine Kohlenhydrate.

Und nach dem Sport?

Nach dem Sport bleibt der Stoffwechsel für eine relevante Zeit weiterhin erhöht. Dieser in der Erholungsphase auftretende Effekt wird als »*excess post – exercise oxygen consumption*« oder als Sauerstoffschuld bezeichnet. Dieser Effekt kann nach der Aktivität durch eine zweistündige Fastenperiode aufrechterhalten werden. Daher ist es ratsam, frühestens zwei Stunden nach dem Sportende kohlenhydrathaltige Lebensmittel zu verzehren, um die Zusatz-Fettverbrennung möglichst hoch zu halten.

Nach einer anstrengenden Aktivität werden vorrangig Fette verbrannt, da ein ausreichendes Sauerstoffangebot zum Ausgleich des Sauerstoffdefizites zur Verfügung steht. Wird eine kohlenhydrathaltige Mahlzeit unmittelbar nach Ende des Sports aufgenommen, wird die vermehrte Fettverbrennung unterbrochen. Bei auftretendem Hungergefühl nach körperlicher Aktivität werden daher vorrangig eiweißbetonte Mahlzeiten (siehe Symbol »High Protein« im Rezeptteil) sowie leicht verdauliche und schnell verfügbare Fette empfohlen. Kokosöl mit seinem hohen Laurinsäuregehalt ist dafür ideal geeignet.

Training mit vorentleerten Energiespeichern

Eine für leistungsorientierte Sportler sinnvolle Trainingsvariante zur Erhöhung des Fettanteils an der Gesamtenergiebereitstellung ist das Training mit vorentleerten Glykogenspeichern (= muskulärer Kohlenhydratspeicher). Wird zum Beispiel am Vorabend einer langen Aktivität intensiv trainiert, werden die Glykogenspeicher entleert. Die folgende morgendliche Aktivität wird mit vorentleerten Kohlenhydrat-

Glykogenspeicher leeren – Variante 1

1. Trainingstag
abends:

Trainingseinheit mit **hoher Intensität** zur Entleerung der Glykogenspeicher

keine / sehr geringe Kohlenhydratzufuhr nach dem Training

2. Trainingstag
morgens, nüchtern
vor dem Frühstück:

Trainingseinheit am Morgen mit **niedriger Intensität,** möglichst langer Aktivität (train low)

Glykogenspeicher leeren – Variante 2

1. Trainingseinheit
morgens, nach dem Frühstück:

Trainingseinheit mit **hoher Intensität** zur Entleerung der Glykogenspeicher

keine Kohlenhydratzufuhr nach dem Training am Morgen

2. Trainingseinheit (am selben Tag)
abends:

zweite Trainingseinheit mit **niedriger Intensität,** möglichst langer Aktivität (train low)

Regenerationskost ist abhängig von der zur Verfügung stehenden Regenerationszeit

speichern gestartet, wenn nach dem Training am Abend kohlenhydratarm gegessen und getrunken wurde. So kommt es zu einer vergrößerten Fettverbrennung bei der sportlichen Belastung am Morgen (siehe Variante 1 auf Seite 45).

Ebenfalls möglich ist, die zwei Trainingseinheiten am selben Tag durchzuführen (siehe Variante 2 auf Seite 45). Auch hier sollte das erste Training mit hoher Intensität erfolgen. Danach sind Kohlenhydrate fehl am Platz, um die muskulären Kohlenhydratspeicher nicht wieder aufzufüllen. Rezepte mit Kokosöl und reichlich Eiweiß reduzieren das Hungergefühl und ermöglichen eine aktive Tagesgestaltung bis zum zweiten Training (geeignete Gerichte siehe »High-Protein-Symbol« im Rezeptteil).

Durch das zweimalige Training an einem Tag wird in die zweite Einheit mit deutlich reduzierten Glykogenspeichern gestartet. Es resultiert ein deutlich erhöhter Anteil der Fette an der Energiebereitstellung für den Sport.

Diese Trainingsmaßnahme ist am besten für ambitionierte Sportler und Fitness-Begeisterte geeignet. Die Verbesserung der Fettverbrennung durch vorentleerte Speicher ist eindeutig nachgewiesen. Allerdings darf daraus nicht auf eine sofortige Leistungssteigerung im Wettkampf geschlossen werden. Für Spiel- und Rückschlagspielsportler wie Handballer oder Badmintonspieler und bei Akti-

Praxisnah: Kohlenhydrate beim Sport

Bei Trainingseinheiten mit niedriger Belastungsintensität kann ein Training mit vorentleerten Glykogenspeichern und einer geringen Kohlenhydrataufnahme mit niedrigem GI für das Training der Ausdauerkapazität hilfreich sein. Zwischen minimal zwei und vier Gramm Kohlenhydraten pro Kilogramm Körpergewicht am Tag sind dennoch angemessen.

Zielt das Training auf Anpassung des gesamten Organismus an wettkampfspezifische Anforderungen, wird gezielt mit »Stress« gearbeitet, ist eine ausreichende Kohlenhydratmenge notwendig. Empfehlenswert sind vor allem Lebensmittel mit niedrigem bis mittlerem Glykämischen Index wie beispielsweise Gemüse, Vollkornprodukte, Kokosblütenzucker, Milch- und Milchprodukte. Die Kohlenhydratempfehlungen liegen bei mindestens fünf bis hin zu zehn Gramm Kohlenhydraten pro Kilogramm Körpergewicht.

Fitness-Begeisterte, die sich nahezu täglich langen oder täglich mehreren Ausdauerbelastungen aussetzen – dazu dürften die meisten leistungsorientiert trainierenden Ausdauersportler zumindest in bestimmten Trainingsphasen gehören –, benötigen während und nach der Belastung Kohlenhydrate, bereits 20 – 60 g während und 1 g/kg Körpergewicht nach dem Sport.

vitäten deutlich unter 90 Minuten kann die muskuläre Anpassung eines einge-schränkten, heruntergeregelten Kohlenhydratstoffwechsels sogar eine verminderte Leistung im Wettkampf bedeuten. Daher ist die genannte Maßnahme des Trainings mit vorentleerten Glykogenspeichern sinnvoll, um im Grundlagentraining und in der Saisonvorbereitungsphase das Potential der Fettverbrennung zu optimieren. Je nach Sportart sollte dann die Aufnahme von Kohlenhydraten auf die intensiveren Trainingsphasen abgestimmt werden.

Nüchterntraining zum Abnehmen und für Fitnessanfänger

Regelmäßiges, intensives morgendliches Nüchterntraining und Training ohne aus-reichende Kohlenhydratzufuhr ohne vorherige Entleerung der Glykogenspeicher ist beim gut trainierten Sportler nicht sinnvoll, da es keinen zusätzlichen Trai-ningsreiz auslöst. Zu oft durchgeführt, kann es sogar negativ auf das Immunsystem und die muskuläre Anpassung wirken.

Beim untrainierten Gesundheitssportler, bei Abnehmwilligen und bei Überge-wichtigen hingegen kann ein regelmäßiges, intensitätsabgestimmtes Nüchterntrai-ning relevante Stoffwechselparameter verbessern und das Risiko von Zivilisations-krankheiten wie Diabetes mellitus sowie Fettstoffwechselstörungen vermindern.

Die Intensität sollte, wie auf Seite 43 beschrieben, 70 Prozent der maximalen Herzfrequenz nicht übersteigen und mit einem Pulsmesser stetig überwacht werden.

Exkurs: Pro und Kontra Fettstoffwechseltraining für ambitionierte Sportler

Der Fokus hinsichtlich der reduzierten Kohlenhydratversorgung scheint für viele Aktive nur auf dem Muskelstoffwechsel zu liegen. Wer denkt, allein durch einen verbesserten Fettstoffwechsel automatisch die Leistung verbessern zu können, irrt. Reines Fettstoffwechseltraining mag für den abnehmwilligen Sportbeginner aus-reichend sein. Für leistungsorientierte Sportler reicht der alleinige Blick auf den Muskelstoffwechsel nicht aus. Denn um Leistung auf individuell hohem Niveau zu erbringen, ist die Anpassung des gesamten Organismus notwendig. Und dazu bedarf es (auch) intensiver Trainingsreize. Diese werden mit der jeweils notwen-digen Menge an Kohlenhydraten mit einem angepassten Glykämischen Index leichter, effektiver und mit geringerem Verletzungsrisiko erbracht als mit wenig oder gar ohne Kohlenhydrate. Die Rezepte ab Seite 58 mit dem »Low-Fat«- und »High-Carb«-Symbol passen gut dazu.

Kokos macht frisch

Der Anpassungsprozess des Fettstoffwechsels wird oft mit Müdigkeit und Unlust beim Training erkauft, was in Studien zu einer deutlich verminderten Belastungsintensität während der Trainingseinheit geführt hat. Um dagegen anzugehen, werden der gezielte Einsatz von Koffein kurz vor sowie kleine Kohlenhydratgaben während der Aktivität zur Stabilisierung des Blutzuckerspiegels empfohlen. Auch das Ausspülen des Mundes mit einem zuckerhaltigen Getränk, das aber nicht geschluckt, sondern ausgespuckt wird, kann bei Aktivitäten bis etwa 45 Minuten Dauer gezielt Ermüdungserscheinungen vorbeugen. Einen identischen Effekt hat Kokosöl, das durch seinen hohen Anteil an MCT-Fetten ebenfalls hilft, mentale Ermüdungssituationen gut zu überbrücken. Ein Teelöffel Öl beim Sport direkt aus dem Glas oder verrührt in ein kohlenhydratfreies Getränk, kann leicht verzehrt werden und ist gut verträglich. Eine gut Ergänzung dazu ist isotonisches Kokoswasser als Nachsportgetränk. Es erfüllt die Bedingungen hinsichtlich Kohlenhydratart und -menge, um die Regeneration schnellstmöglich abzuschließen.

Das individuelle Experimentieren mit unterschiedlichen Kohlenhydratmengen und der Art der Kohlenhydrate in zeitlicher Nähe zu sportlichen Aktivitäten stellt je nach persönlicher Befindlichkeit eine wichtige Stellschraube zur Optimierung der Leistungsfähigkeit und des Fitnessniveaus dar. Die leckeren Rezepte ab Seite 58 mit den Symbolen »Low Carb«, »High Carb«, »High Protein« und »High Laurin« machen das Ausprobieren der Empfehlungen einfacher.

Diese Keimlinge können schon bald eingepflanzt und ökologisch in Mischkultur mit Bananenstauden, Papaya- und Mangobäumen angebaut werden. In ein paar Jahren liefern sie die ersten Kokosnüsse – für nachhaltigen Genuss ist so gesorgt.

Iss und trink Dich schlau mit Kokos

Schnell reagieren, schöpferisch assoziieren, sich gut konzentrieren können, sich rasch viel merken und daran erinnern, sind grundlegende Bausteine der geistigen Fitness und somit Basis für Erfolge in der Schule, beim Studium und bei der Arbeit. Die eigene geistige Fitness zu schulen, hat viele Vorzüge. Wer dies mit Freude tut, erhält und erhöht die Intelligenz, wird belastbarer, ausgeglichener und senkt das Risiko mentaler Erkrankungen. Die geistige Fitness kann durch die gezielte Lebensmittelauswahl und den zeitlich sinnvoll abgestimmten Verzehr wesentlich beeinflusst werden.

Geistig fit und erfolgreich

Wir leben heute in einer Wissensgesellschaft. Es werden regelmäßig und stetig hohe Anforderungen an die geistige Fitness gestellt. Wer in frühen Lebensphasen schon geistig fit ist, tut sich auch später leichter, sich den geistigen Anforderungen des Lebens zu stellen, ist gewappnet für ein lebenslanges Lernen. Wie aktuelle Statistiken belegen, nehmen geistig fitte Menschen mehr an den gesellschaftlichen Entwicklungen teil, sind zufriedener, gesünder und leben im Durchschnitt sogar länger. Mit der Höhe der mentalen Fitness wachsen die Chancen, in der Schule, der Ausbildung und im Beruf erfolgreich zu sein.

Moderne Gesellschaften verlangen ihren Bürgern in jedem Lebensalter zunehmend die Fähigkeit ab, geistig flexibel zu sein und neu auftauchende Probleme schnell, umsichtig und präzise zu lösen. Der geistigen Fitness kommt inzwischen – anders als in den vorherigen Gesellschaften, in denen Muskelkraft wichtig war – *die* Schlüsselrolle zu. Denn Staaten und die Regionen innerhalb eines Landes konkurrieren immer mehr um den Anteil der zur Verfügung stehenden geistigen Leistungsfähigkeit. Denen, mit den mental fittesten Bürgern geht es wirtschaftlich am besten. Sie weisen das höchste jährliche Pro-Kopf-Einkommen auf und können für die Zukunft den höchsten Wohlstand erwarten. In Deutschland finden sich in den Regionen mit den geistig leistungsfähigsten Bürgern die geringsten Arbeitslosenquoten.

Das Gehirn – Schaltzentrale mit hohem Energie- und Flüssigkeitsbedarf

Der Energieverbrauch des Gehirns liegt bei rund 20 Prozent des gesamten Ruhe-Energieumsatzes des Körpers. Bezogen auf die Körpermasse benötigt das Gehirn somit zehnmal so viel Energie wie der Rest des Körpers. Ebenso ist der Blutdurchfluss etwa zehnmal höher als im Muskelgewebe. Kein Wunder: Die Anzahl der Nervenzellen liegt bei rund 86 Milliarden mit vielen Milliarden Verbindungen. Das ist in etwa vergleichbar mit der Anzahl der Blätter im Amazonas-Regenwald. Die mit »Brain« gekennzeichneten Rezepte ab Seite 58 unterstützen die Schaltzentrale bei ihrer täglichen Arbeit.

Trinken gegen mentale Leistungstiefs

Da das Gehirn zu etwa 75 Prozent aus Wasser besteht, ist offensichtlich, dass sich schon ein geringes Flüssigkeitsdefizit negativ auf das Denkvermögen auswirken kann. Unkonzentriertheit und Müdigkeit sind dabei die ersten Anzeichen eines Wassermangels. Das Blut wird bei einem Wasserdefizit zähflüssiger. Die für das Gehirn wichtigen Nährstoffe Sauerstoff und Kohlenhydrate können dann nur verlangsamt transportiert werden. Zahlreichen Schülern und Studenten würde das Lernen und Büroangestellten die Arbeit leichter fallen, wenn sie ausreichend und vor allem regelmäßig trinken würden.

Die Situation hierzulande sieht aber leider anders aus: Viele Berufstätige, Schüler und Studenten starten ohne Frühstück und ohne etwas zu trinken in die morgendlichen geistigen Anforderungen. Ein Flüssigkeitsdefizit am Vormittag ist so vorprogrammiert. Bereits ein Wasserdefizit von einem Prozent des Körpergewichts reduziert nachweislich die geistige Leistungsfähigkeit. Das Gehirn wird nicht ausreichend schnell mit den nötigen Nährstoffen versorgt, man ist unkonzentriert, müde und schlapp.

Das Deutsche Institut für Sporternährung e.V., Bad Nauheim, wies in insgesamt sechs Trinkstudien nach, wie empfindlich die geistige Leistungsfähigkeit auf die Wasserversorgung reagiert. Diese Untersuchungen zeigen, dass sich durch das Trinken während langer geistiger Beanspruchung, z. B. im Unterricht oder während der Vorlesung, die mentale Leistungsfähigkeit und damit der Lernerfolg verbessern lassen. Für eine optimale geistige Leistungsfähigkeit reicht es daher nicht aus, die Wasserverluste des Vormittags durch einen vermehrten Konsum von Getränken am Nachmittag oder Abend auszugleichen. Auch temporäre Wasserdefizite sollten vermieden werden.

Trinken bevor der Durst kommt

Wer sein Durstgefühl über Jahre regelmäßig ignoriert hat, sollte daher trinken, bevor der Durst kommt. Durst ist bereits ein Zeichen für ein Wasserdefizit. Wer noch durstsensitiv ist, kann mit einem sofortigen Getränkeverzehr geistige Leistungseinbußen noch vor ihrem Entstehen verhindern. Alle anderen sollten regelmäßig trinken, auch ohne Durstempfinden.

Es ist empfehlenswert, sich schon bei Arbeits- oder Lernbeginn die notwendige Trinkmenge für die erste Arbeitshälfte in sichtbare und greifbare Nähe zu stellen. Diese sollte in regelmäßigen, kleinen Mengen getrunken werden. Für die zweite Hälfte des Arbeitstages gilt das Gleiche mit einer zweiten Ration.

Auch für die körperliche Fitness und bei Konzentrationssportarten wie Schach oder Golf ist es wichtig, auf eine ausreichende Trinkmenge zu achten. Da hier die Schweißverluste gering ausfallen, wird das Trinken häufig vergessen und damit die Chance vertan, bis zum Schluss auf Topniveau geistig leistungsfähig zu sein.

Flüssige und kristallisierte Intelligenz

Die geistige Leistung wird unter anderem unterschieden nach »flüssiger« und »kristallisierter« Intelligenz. Die flüssige Intelligenz entspricht der Fähigkeit, neue Probleme ohne Rückgriff auf Erfahrungen zu lösen. Derartige Ansprüche überwiegen in der heutigen Lern- und Arbeitswelt. Der Bereich der flüssigen Intelligenz bezieht sich auf biologisch vorgegebene und mit körperlichen Mitteln entsprechend beeinflussbare geistige Leistungen. Sie ändern sich bei sinkendem Blutzuckerspiegel rasch und sind daher auf ein gleichbleibendes Niveau des Blutzuckers im mittleren bis oberen Normbereich angewiesen.

Die kristallisierte Intelligenz entspricht den unter dem Einfluss der flüssigen Intelligenz erworbenen und gespeicherten Erfahrungen, insbesondere Wissen und Fertigkeit. Automatisierte Abläufe fallen darunter. Sie sind weniger stark vom Blutzuckerniveau und auch nur gering vom Status der Wasserversorgung des Körpers anhängig. Allerdings werden diese Leistungen in unserer heutigen Gesellschaft kaum und vor allem nicht über einen längeren Zeitraum benötigt.

Über die Ernährung wird die geistige Leistungsfähigkeit durch die Menge an Wasser und verfügbarer Energie, die im Gehirn für zahlreiche Strukturen und Funktionen notwendig sind, begrenzt. Auf die Energiebereitstellung im Gehirn wirken sich Kohlenhydrate und Neurotransmitter aus. Als Ersatz der für geistige Leistungen dringend benötigten Kohlenhydrate können kurzfristig auch Abbauprodukte aus MCT-Fetten der Kokosnuss, die Ketonkörper, genutzt werden.

Neben der Trinkmenge ist auch entscheidend, was getrunken wird. Dabei ist neben Kaffee oder Tee, mineralstoffreichem Mineralwasser und alkoholfreien Erfrischungsgetränken auch Kokoswasser als Energie lieferndes Getränk empfehlenswert. Es liefert dem Körper zudem wichtige Mineralstoffe.

In Verbindung mit einer kohlenhydratbetonten Zwischenmahlzeit wie beispielsweise einem Joghurt mit Haferflocken, dem Kokos-Apfel-Mus aus dem Rezeptteil auf Seite 109, Trockenobst, Studentenfutter oder einem Stück Obst kann das Gehirn optimal mit Nährstoffen versorgt werden. Die geistige Leistungs- und Konzentrationsfähigkeit wird so im Laufe des Tages aufrechterhalten und Zwischentiefs wird entgegengewirkt.

Kohlenhydrate – Brennstoffe fürs Gehirn

Aktuelle wissenschaftliche Studien dokumentieren die große Bedeutung eines kohlenhydrathaltigen Frühstücks und einer kohlenhydrathaltigen Pausenmahlzeit für die geistige Leistungsfähigkeit am Vormittag, bei Erwachsenen ebenso wie bei Kindern. So sind Kinder, die ein Frühstück und/oder eine kohlenhydrathaltige Pausenmahlzeit zu sich nehmen, in den Morgenstunden leistungsfähiger als Kinder, die nicht gefrühstückt haben.

Lebensmittel mit einem niedrigen bis mittleren GI sind für eine Pausenmahlzeit in der Schule, im Studium oder bei der Arbeit empfehlenswert. Sie stellen die vom Körper und Gehirn benötigte Glukose kontinuierlich und über einen längeren Zeitraum verteilt dem Körper zur Verfügung. Die Merkspanne oder die Geschwindigkeit der Informationsverarbeitung können so beispielsweise verbessert werden.

Von Traubenzucker (Glukose) ist bekannt, dass er nach Verzehr sehr schnell, aber nicht lang anhaltend auf eine moderate Erhöhung des Blutzuckerspiegels und damit auf die geistige Leistungsfähigkeit wirkt. Die Wirkung von Vollkornprodukten und Kokoszucker setzt später ein und hat einen längeren Einfluss.

Koffein aus Kaffee, schwarzem oder grünem Tee und Matcha steigert etwa 15 Minuten nach dem Trinken zunehmend die Leistungsfähigkeit mit einem Höhepunkt bei etwa 40 bis 60 Minuten nach Verzehr. Nach einer mehr oder minder stark ausgeprägten Plateauphase klingt die Wirkung langsam wieder ab.

Je nach Zusammensetzung der verzehrten Speisen und Getränke kann demnach bereits z. B. bei Vorhandensein von schnell verfügbaren Kohlenhydraten wie Trauben- oder Malzzucker, Weißmehl oder Kartoffelstärke nach wenige Minuten eine Wirkung auf den Blutzuckerspiegel erwartet werden. Die Effekte von Kokoszucker und Stärke aus Vollkornprodukten treten nach und nach ein – und wirken länger nach.

Glyx fürs Gehirn

Wie Lebensmittel auf den Körper wirken, wie und über welchen Zeitraum die Kohlenhydrat-Energie dem Körper und somit dem Gehirn zur Verfügung steht, lässt sich nicht alleine auf Basis der Zusammensetzung und des Nährstoffprofils der Lebensmittel ableiten und bestimmen. Die Wirkung der Lebensmittel auf den Blutzuckerverlauf muss experimentell für jedes Lebensmittel bestimmt werden. Hierfür hat die Weltgesundheitsorganisation (WHO) ein genaues Studiendesign festgelegt, das weltweit eingesetzt wird. Mit dieser standardisierten Methode wird aktuell der Gykämische Index von Lebensmitteln bestimmt (siehe auch Seite 21).

Voll wach, geistig in Topform

Inwieweit man motiviert ist, sich hohen geistigen Leistungsanforderungen zu stellen, hängt auf der körperlichen Seite von der verfügbaren Energie ab. Entscheidend ist der sogenannte Wachheitsgrad (= Aufmerksamkeitsgrad). Er ist eine schnell veränderliche, subjektiv erlebbare Größe, die bei konstanter geistiger Leistungsanforderung Auskunft über die verfügbare Energie gibt.

Um maximale geistige Leistungen zu erzielen, ist es wichtig, »richtig wach« zu sein. Nur dann kann flexibel auf unvorhergesehene Situationen reagiert und nach Problemlösungen gesucht werden, ohne auf Bewährtes zurückzugreifen. Es ist davon auszugehen, dass sich leistungsorientierte Personen während der Arbeitszeit, in der Schule oder im Studium in der Wachzeit des Tages darum bemühen, ihren Wachheitsgrad auf einem mittleren Niveau zu halten.

Bei einem Mangel an Energie gelingt es nicht oder nur im Sekundenbereich, den Zustand der vollen Wachheit einzustellen. Die für geistige Leistungen verfügbare Energie und damit der Wachheitsgrad kann mit geeigneten kohlenhydrathaltigen Lebensmitteln wie Kokoswasser sowie mit MCT-Fetten in Kokosöl und durch die Kombination beider Effekte wie z. B. durch Kokosmus positiv beeinflusst und auf den individuellen Bedarf angepasst werden. Essen und Trinken hat damit direkt Auswirkungen, zu hohen geistigen Leistungen fähig zu sein.

Zur Unterstützung der geistigen Leistungsfähigkeit sind außerdem auch Kokosraspel und Kokosflakes sowie Trockenobst (z. B. Feigen, Pflaumen, Aprikosen, Cranberrys), Nüsse (z. B. Haselnüsse, Cashewnüsse, Erdnüsse) und Haferflocken gut geeignet. Passende Rezepte mit dem »Brain-Symbol« für eine Zwischenmahlzeit sind die kernigen Müsliriegel (siehe Seite 105), die fruchtigen Müsliriegel (siehe Seite 106) und die Aprikosen-Cashewnuss-Pralinen (siehe Seite 104).

Das Gehirn braucht Kohlenhydrate, aber nicht im Übermaß

Kohlenhydrate liefern in Industrieländern 45 bis 60 Prozent der Nahrungsenergie; bis zur Hälfte davon als Mono- und Disaccharide, die umgangssprachlich auch allgemein als Zucker bezeichnet werden. Wird die allgemein empfohlene tägliche Zufuhr an Kohlenhydraten mit etwa 50 Energieprozent für Erwachsene zugrunde gelegt, entspricht dies bei einer Energiezufuhr von 2400 kcal mehr als 300 Gramm Kohlenhydraten pro Tag.

Das tägliche Kohlenhydratangebot für Erwachsene sollte mindestens 25 Prozent des Energiebedarfs decken. Es sollten mindestens 140 bis 180 Gramm verwertbare Kohlenhydrate mit der Nahrung aufgenommen werden. Glukose ist der wichtigste Energielieferant für Muskelzellen, innere Organe und Nervenzellen, wobei das Gehirn den relativ größten Kohlenhydratumsatz aufweist. Seinen Energiebedarf deckt das Gehirn fast ausschließlich über die aus den mit der Nahrung aufgenommen und in Glukose umgewandelten Kohlenhydraten, die es aus der Blutbahn aufnimmt. Der Energieumsatz im Gehirn ist pro Gramm etwa zehnmal so hoch wie der im restlichen Körper (unter Ruhebedingungen).

Das Gehirn, Nervensystem und rote Blutkörperchen benötigen pro Stunde etwa fünf bis sechs Gramm Kohlenhydrate. Das entspricht 120 Gramm Kohlenhydraten am Tag als Minimalbedarf. Daher können auch mit einer Low-Carb-Ernährung ausreichend Kohlenhydrate für die geistige Leistungsfähigkeit aufgenommen werden.

Der Nachteil von Lebensmitteln mit hohem Saccharose- bzw. Glukosegehalt und hohem Glykämischen Index (GI) liegt darin, dass der rasche Blutzuckeranstieg einen starken Insulinausstoß hervorruft, der zu Unterzuckerung und Hungergefühl führen kann.

Kokos fürs Gehirn

Die Hypothese, wonach leicht zuckerhaltige Erfrischungsgetränke weniger sättigen als andere Getränke mit demselben Energiegehalt, z. B. Milchmischgetränke, und so einer energetischen Überernährung Vorschub leisten können, lässt sich nicht erhärten. Damit ist Kokoswasser mit seinem wünschenswert niedrigen Kohlenhydratgehalt von etwa 4 g auf 100 ml (analog dem Kohlenhydratgehalt von selbst gemischter Apfelschorle mit hohem Wasseranteil) gut geeignet, zwischendurch Energie für die geistige Leistungsfähigkeit bereitzustellen.

Der Glykämische Index (GI) für Kokoszucker beträgt etwa 35. Damit handelt es sich um ein Lebensmittel mit geringer glykämischer Wirkung. Die Energiefreisetzung erfolgt daher langsamer und länger anhaltend. Muskulatur und Gehirn werden gleichmäßiger und über einen längeren Zeitraum mit Energie versorgt als bei Kohlenhydraten bzw. Lebensmitteln mit höherem GI.

Blutzuckerspiegel regulieren – besser konzentrieren

Damit unsere Organe und unser Gehirn arbeiten können, muss gewährleistet sein, dass im Blut eine Mindestkonzentration an Glukose (mindestens 80 mg/dl) nicht unterschritten wird. Ein Absinken des Blutzuckerspiegels unter diesen Wert wird hormonell verhindert, indem die Leber Glukose freisetzt und in die Blutbahn abgibt.

Die Energiereserven des Gehirns reichen nur für kurze Zeit, sodass ein kontinuierlicher »Nachschub« von Glukose über die Blutbahn essentiell wichtig fürs mehrstündige Schachmatch ebenso wie für lange Autofahrten und Meetings im Büro ist. Der Glukoseverbrauch ist abhängig von der aktuellen Aktivität der Neuronen. Je höher diese Aktivität, desto höher ist auch der Energieumsatz. Die mentale Aktivierung führt demnach zu einer Steigerung des Energie- und Sauerstoffverbrauchs in entsprechenden Hirnstrukturen. Allerdings wird der Glukoseverbrauch des Gehirns nie so groß sein, dass es allein durch diesen Mehrverbrauch zu Unterzuckerung bei besonderen Anforderungen wie einem Vortrag oder einer Prüfung kommen kann.

Dennoch sollte für eine clevere Kohlenhydratzufuhr gesorgt werden. Denn für das Gehirn und die Nervenzellen ist Glukose kurzfristig durch keine andere Substanz direkt ersetzbar. Glukosemangelzustände können daher Störungen der mentalen Funktionen hervorrufen.

Generell scheint ein Blutzuckerspiegel im oberen Normbereich geistige Fähigkeiten zu verbessern. Allerdings sind nicht alle kognitiven Prozesse im gleichen Maße sensitiv für den Glukosespiegel. Glukose hat positive Wirkungen auf das Kurzzeitgedächtnis, auf die Informationsverarbeitung und die Aufmerksamkeit, aber nicht auf das Zahlen- oder Langzeitgedächtnis. Bereits mit 15 Gramm Glukose kann der geistigen Ermüdung entgegengewirkt werden und so die geistige Leistungsfähigkeit gesteigert werden.

Aus Studien mit Autofahrern ist bekannt, dass z. B. Aufmerksamkeit und Reaktionssicherheit eng mit dem Blutzuckerspiegel korrelieren. Es ist auch dokumentierbar, dass zwischen dem Auftreten von Verkehrsunfällen und einem niedrigen Blutzuckerspiegel ein Zusammenhang besteht. Bei Langstreckenfahrten führt ein adäquater Blutzuckerspiegel zu einem besseren Wohlbefinden, besserer Konzentration und geringerer Ermüdung. Bereits 25 Gramm Glukose konnten die Konzentrationsfähigkeit und Mehrfachreaktionsleistungen beim Autofahren signifikant steigern. Ebenso können Denk- und Aufmerksamkeitsleistungen, die beim Autofahren wichtig sind, positiv beeinflusst werden.

Werden regelmäßig geringe Mengen lang- bis mittelfristig verfügbarer Kohlenhydrate konsumiert, konnten in Studien die Fahrleistungen besonders im letzten

Fahrdrittel (Gesamtfahrdauer 70 Minuten) signifikant verbessert werden. Auch bei Schachspielern hat sich der Verzehr von Studentenfutter (Nüsse, Kokosflakes und Rosinen) bewährt.

Gut geeignet beim Autofahren oder als Energienachschub bei der Schachpartie sind außerdem zum Beispiel die Bananenmuffins und die kernigen sowie die fruchtigen Müsliriegel aus dem Rezeptteil (siehe Seiten 161, 105 und 106). Sie erfüllen die Anforderungen hinsichtlich Menge und Art der Kohlenhydrate.

Stabiler Blutzuckerspiegel mit den passenden Kohlenhydraten

Das Leben in unserer Gesellschaft ist geprägt durch zahlreiche und regelmäßig wiederkehrende Situationen, die mehrstündige Anforderungen an die geistige Leistungsfähigkeit stellen. Zur optimalen Nutzung des individuellen Leistungspotentials in diesem Bereich sowie für die Regulationsmechanismen des Organismus sind die physiologisch sinnvolle Zusammensetzung und die Beschaffenheit der verzehrten Lebensmittel entscheidende Voraussetzungen.

Die geistige Leistungsfähigkeit, Konzentrationsvermögen und Reaktionszeiten bleiben durch Auslassen von Mahlzeiten, bei niedrigem Blutzuckerspiegel und bei einer zu geringen Trinkmenge schnell auf der Strecke. Ein Blutzuckerspiegel an der oberen Grenze des Normbereichs sorgt dagegen dafür, dass hohe geistige Leistungen optimal erbracht werden können. Das in unserer Gesellschaft geforderte ständige Anpassen an neue Situationen hängt in seiner optimalen Ausprägung vom Blutzuckerniveau und vom Wassergehalt des Körpers und damit des Gehirns ab.

Ein Blutzuckerspiegel, der sich zwischen 100 und 120 mg/dl Blut im oberen Normbereich bewegt, versorgt das Gehirn perfekt mit Energie. Er stellt einen wesentlichen Erfolgsfaktor dar, um geistige Leistungen wie Reaktionszeit, Aufmerksamkeit oder Wachheit und Gedächtnis positiv zu beeinflussen. Besonders bei anstrengenden Lern- und Prüfungssituationen, beim Schach, bei Konferenzen, Vorträgen oder wichtigen Telefonaten und im Straßenverkehr ist es sinnvoll, für einen ausreichenden und mittel- bis langfristig stabilen Blutzuckerspiegel zu sorgen.

Um den Blutzuckerspiegel schnell anzuheben, genügen bereits fünf Gramm verfügbare Kohlenhydrate, beispielsweise in Form eines Bananenmuffins mit Kokosblütenzucker und einem kleinen Glas Kokoswasser.

Größere, sehr schnell verfügbare Mengen an Kohlenhydraten aus z. B. Haushaltszucker oder Weißmehl erweisen sich dabei aber als kontraproduktiv. Sie puschen den Blutzuckerspiegel zwar stark. Über die Gegenregulation durch das Bauchspeicheldrüsenhormon Insulin wird der Körper aber rasch gegenlenken, sodass der Blutzuckerspiegel wieder schnell absinken wird. Um die Kontinuität

Kokosblütenzucker schießt nicht so schnell ins Blut und versorgt das Gehirn so gleichmäßiger mit Energie als Kohlenhydrate mit einem hohen Glykämischen Index.

des Blutzuckerspiegels zu sichern, ist es entweder in einem zweiten Schritt wichtig, nachzulegen und wieder schnell verfügbare Kohlenhydrate aufzunehmen. Besser ist, es gar nicht erst dazu kommen zu lassen, sondern zu mittelfristig verfügbaren Kohlenhydraten wie Kokosblütenzucker zu greifen.

Sinnvoll ist die Kombination aus verschiedenen Zuckersorten, sie sorgt für eine programmierte Energiefreisetzung über einen kurzen und einen längeren Zeitraum gleichermaßen – gut für volle Konzentration und erfolgreiche Prüfungen.

Alzheimer vorbeugen mit Kokos?

Zahlreiche aktuelle Studien lassen eine Alzheimer lindernde Wirkung durch Kokosöl vermuten. Bei der Krankheit Alzheimer kann das Gehirn nur noch unzureichend Glukose verwerten, sodass es mit diesem zentralen Nährstoff unterversorgt ist. Viele Gehirnzellen sterben daraufhin ab. Es kommt zu den typischen Symptomen der Alzheimerkrankheit.

Das Gehirn kann neben Glukose alternativ auch Ketone nutzen, die unter anderem aus MCTs im Körper hergestellt werden (siehe dazu auch Seite 26). Durch sie erhält das Gehirn trotz Glukosemangel ausreichend Energie und der Untergang der Hirnzellen verzögert sich bzw. kommt zum Erliegen.

Die Ergebnisse dieser ersten Studien, die diesen Zusammenhang zeigen, dürfen jedoch nicht überinterpretiert werden. Ob bereits Erkrankte deutlich profitieren, ist nicht belegt. Eine Schutzfunktion vor dem weiteren Fortschreiten im frühen Stadium der Krankheit könnte aber durch den täglichen Verzehr von Kokosöl erreicht werden und das Risiko für eine Alzheimer-Erkrankung sollte gesenkt werden können. Wie viel und wie oft Kokosöl zu verzehren ist, kann derzeit seriös wissenschaftlich abgesichert aber noch niemand sagen.

Kochen und backen mit Kokos

Hinweise zu den Rezepten

Die Rezepte sind, wenn nicht anders angegeben, für **vier Personen.**

Abkürzungen

EL = Esslöffel
TL = Teelöffel
Esslöffel und Teelöffel sind beim Messen stets gestrichen gefüllt.

Zu den Backtemperaturen

Die angegebenen Temperaturen und Backzeiten gelten für einen Elektrobackofen mit Ober- und Unterhitze. Bitte berücksichtigen Sie dabei auch die Herstellerangaben für Ihren Ofen.

Zubereitungszeiten

Die Zeitangaben in den Rezepten beziehen sich immer auf Circa-Angaben. Je nach Herd kann auch die Koch- oder Backdauer variieren.

Angaben zu den Zutaten

Bei den Rezeptbeschreibungen wurde nicht gesondert angegeben, dass Obst, Gemüse, Kräuter oder Hülsenfrüchte vor der Verwendung gewaschen werden. Dies wird vorausgesetzt. Bitte lassen Sie die gewaschenen Zutaten jeweils gut abtropfen bzw. tupfen Sie sie gegebenenfalls trocken, bevor sie weiterverarbeitet werden.

Falls nicht anders angegeben, beziehen sich alle Mengenangaben von Obst und Gemüse auf die Rohware, die noch nicht geputzt wurde.

Bei der Verwendung von Quark ist ausschließlich Magerquark gemeint. Kuhmilch oder Joghurt aus Kuhmilch wird immer mit einem Fettgehalt von 1,5 Prozent verwendet.

Vitamin- und Mineralstoffangaben

Bei den Rezepten sind Vitamine und Mineralstoffe immer dann extra aufgeführt, wenn im Gericht pro Portion mindestens 15 Prozent der empfohlenen Tageszufuhr des jeweiligen Vitamins bzw. Mineralstoffs enthalten sind. Die Angaben beziehen sich immer auf die vegane Variante. Bei Rezepten, die im Ursprung Milchprodukte enthalten, sind noch zusätzlich Calcium und Vitamin B_2 und B_{12} enthalten.

Symbole

Die Rezepte ab Seite 61 sind für den Familientisch ebenso wie für Schule, Uni und Arbeitsplatz oder das Partybüfett geeignet.

Für alle, die sich vegan oder gezielt, beispielsweise mit wenig oder viel Kohlenhydraten, wenig Fett oder viel Laurinsäure ernähren möchten, gibt es zudem spezielle Symbole, um die Auswahl der Rezepte je nach aktuellen Bedürfnissen zu erleichtern.

Vegan

Die Gerichte werden mit rein pflanzlichen Zutaten zubereitet. Sie sind fleisch- und fischfrei, ohne Milch und ohne Ei sowie frei von anderen Bestandteilen tierischer Herkunft.

High Protein

Die Rezepte enthalten mehr als 10 Gramm Protein pro Portion.

Low Fat

Die Rezepte enthalten weniger als 20 Gramm Fett pro Portion, bei einem Fettanteil von weniger als 30 Prozent an der Gesamtenergie.

High Laurin

Die Rezepte haben einen sehr hohen Anteil der mittelkettigen Fettsäure Laurinsäure, bei einem Gesamt-Fettanteil von mehr als 30 Prozent an der Gesamtenergie.

Low Carb

Die Rezepte enthalten weniger als 20 Gramm verwertbare Kohlenhydrate pro Portion, bei einem Kohlenhydratanteil von weniger als 40 Prozent an der Gesamtenergie.

High Carb

Die Rezepte enthalten mehr als 40 Gramm verwertbare Kohlenhydrate pro Portion, bei einem Kohlenhydratanteil von mehr als 50 Prozent an der Gesamtenergie.

Body

Die Art und Menge der Nährstoffe sowie die Nährstoffzusammensetzung in diesen Rezepten tragen dazu bei, individuell ein optimales Muskelwachstum und eine optimale Körperzusammensetzung zu ermöglichen.

Brain

Die Art und Menge der Nährstoffe sowie die Nährstoffzusammensetzung in diesen Rezepten tragen dazu bei, individuell eine optimale geistige Leistungsfähigkeit zu ermöglichen.

Frühstück

Bananen-Kokos-Quark

Zubereitungszeit: 10 Minuten

2 Bananen
250 g Quark
100 ml Kokosmilch
2 EL Agavendicksaft
5 EL Kokosraspel

- ☐ Bananen schälen und mit der Gabel zerdrücken.
- ☐ Quark, Kokosmilch, Agavendicksaft und Bananen verrühren.
- ☐ Die Kokosraspel unter den Quark mengen.

VEGANE VARIANTE: Verwenden Sie Seidentofu als Ersatz für den Quark.

REICH AN:
- ■ Vitamine: B_6
- ■ Mineralstoffe: Kalium, Chlorid

TIPP: Dazu passen frische Himbeeren, Erdbeeren oder andere Früchte der Saison.

Knuspermüsli

High Protein **Body**

Zubereitungszeit: 15 Minuten
Backzeit: 20 Minuten

3 EL ganze Mandeln
3 EL Kürbiskerne
8 EL gepuffte Quinoa
5 EL Sojaflocken
7 EL Hirseflocken
6 EL Kokosraspel
2 EL Butter
1 EL Kokosblütenzucker
80 g Zuckerrübensirup

☐ Den Backofen auf 150 °C vorheizen. Ein Backblech mit Backpapier belegen.
☐ Mandeln grob hacken und mit Kürbiskernen, Quinoa, Sojaflocken, Hirse-flocken und Kokosraspeln vermischen.
☐ In einer großen Pfanne Butter, Kokosblütenzucker und Zuckerrübensirup bei mittlerer Hitze erwärmen, bis sich der Zucker gelöst hat.
☐ Die Nuss-Flocken-Mischung zugeben und alles vermengen. Die Masse auf dem Backblech verteilen und im Backofen 20 Minuten backen.
☐ Das Blech aus dem Backofen nehmen und die Masse auf dem Blech abkühlen lassen.
☐ Nach dem Abkühlen das Knuspermüsli in kleine Stücke brechen und bis zum Verzehr in einer luftdichten Box aufbewahren.

VEGANE VARIANTE: Die Butter durch Pflanzenmargarine ersetzen.

REICH AN:
■ Vitamine: E
■ Mineralstoffe: Magnesium, Phosphor, Eisen, Kupfer, Mangan

TIPP: Das Müsli kann mit Milch bzw. Haferdrink oder Joghurt bzw. Sojajoghurt und frischen Früchten der Saison verzehrt werden.

Birchermüesli mit Kokos

Zubereitungszeit: 20 Minuten
Zeit zum Quellen: 30 Minuten

10 EL (50 g) Kokosraspel
½ Vanilleschote
400 g Joghurt
100 ml Buttermilch
5 EL (50 g) Haferflocken
Schale und Saft von einer ½ unbehandelten Orange
100 g Walnusskerne
5 EL Kokosflakes
1 Apfel
1 Birne
1 EL Kokosblütensirup

- ☐ Die Kokosraspel in einer Pfanne ohne Fett rösten.
- ☐ Vanilleschote längs halbieren und das Mark herauskratzen.
- ☐ Vanillemark, Joghurt, Buttermilch und Haferflocken verrühren. Schließlich auch die abgekühlten Kokosraspel hinzugeben und für 30 Minuten quellen lassen.
- ☐ Schale der Orange abreiben und den Saft auspressen. Walnusskerne grob hacken. Kokosflakes in der Pfanne ohne Fett rösten.
- ☐ Apfel und Birne schälen und jeweils vom Kerngehäuse befreien. Auf einer groben Reibe raspeln und mit Saft und Schale der Orange zum Joghurt geben. Alles verrühren und mit dem Kokosblütensirup süßen.
- ☐ Birchermüesli in Schüsseln verteilen und mit den Walnusskernen und Kokosflakes bestreut sofort servieren.

VEGANE VARIANTE: Verwenden Sie statt Joghurt Sojajoghurt und anstatt der Buttermilch einen Mandeldrink.

REICH AN:
- ■ Vitamine: E, K, B_2, Biotin, C
- ■ Mineralstoffe: Kalium, Magnesium, Kupfer, Mangan

Kokosporridge mit Obst

High Protein **Body** **Brain**

Zubereitungszeit: 20 Minuten

3 Orangen
250 g Pfirsiche
250 g Weintrauben
2 Stängel Minze
4 EL (40 g) Cashewnüsse
400 ml Milch
4 EL Kokosmus
120 g Haferflocken
2 EL geschrotete Leinsamen
2 EL Kokosblütensirup

☐ Orangen schälen und in kleine Stücke schneiden. Pfirsiche halbieren, entsteinen und in feine Spalten schneiden. Weintrauben von den Stielen zupfen, größere Trauben halbieren. Das Obst in einer Schüssel vermischen.

☐ Die Minzeblätter fein hacken und mit dem Obstsalat mischen.

☐ Cashewnüsse in einer Pfanne ohne Fett rösten. Anschließend grob hacken.

☐ Milch mit dem Kokosmus in einem Topf erhitzen, dabei ständig rühren, bis sich das Mus gelöst hat.

☐ Die Haferflocken und die Leinsamen hinzugeben und die Hitze reduzieren. Auf kleiner Stufe etwa 3 Minuten leicht köcheln lassen, dabei mehrmals umrühren.

☐ Das Porridge mit dem Kokosblütensirup süßen.

☐ Porridge mit dem Obstsalat anrichten und mit den Cashewnüssen bestreut sofort servieren.

VEGANE VARIANTE: Das Porridge kann auch mit Sojadrink zubereitet werden.

REICH AN:
■ Vitamine: E, K, B_1, B_6, Biotin, Folsäure, Niacin, C
■ Mineralstoffe: Kalium, Magnesium, Phosphor, Eisen, Zink, Kupfer, Mangan

TIPP: Die Obstarten können je nach Geschmack oder Saison ausgetauscht werden.

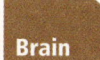

Amarant-Frühstücksbrei

Zubereitungszeit: 15 Minuten

800 ml Haferdrink
80 g Kokosmus
1 EL geschrotete Leinsamen
80 g gepuffter Amarant
4 EL Kokosblütensirup
½ TL gemahlener Zimt
2 Bananen
2 Orangen

☐ Haferdrink mit dem Kokosmus in einem Topf unter Rühren aufkochen, bis sich das Mus gelöst hat.
☐ Leinsamen und Amarant dazugeben, die Hitze reduzieren und 2 – 3 Minuten zu einem Brei köcheln lassen.
☐ Den Brei mit Kokosblütensirup süßen und mit dem Zimt abschmecken.
☐ Bananen und Orangen schälen, klein schneiden und mit dem Brei zusammen anrichten.

REICH AN:

▪ Vitamine: B_6, C
▪ Mineralstoffe: Kalium, Mangan

TIPP: Der Frühstücksbrei schmeckt auch lecker mit Äpfeln und Birnen.

Mango-Chia-Pudding

Low
Carb

Body

Zubereitungszeit: 25 Minuten
Zeit zum Quellen: 30 Minuten

1 Mango
300 ml Kokoswasser
6 EL (60 g) Chiasamen
4 EL Kokosflakes
4 EL (40 g) Cashewnüsse
400 g Joghurt
2 Stängel Minze

☐ Mango schälen und das Fruchtfleisch vom Stein lösen.
☐ Die Hälfte des Mangofruchtfleischs mit dem Kokoswasser pürieren.
☐ Die Chiasamen zum Mango-Kokos-Püree geben und verrühren. Chiasamen
   im Kühlschrank 30 Minuten quellen lassen, dabei mehrmals umrühren.
☐ In der Zwischenzeit das restliche Fruchtfleisch der Mango klein würfeln.
☐ Die Kokosflakes in einer Pfanne ohne Fett rösten.
☐ Die Cashewnüsse ebenfalls rösten und nach dem Auskühlen grob hacken.
☐ Joghurt auf vier Schalen verteilen, je eine Portion Chiapudding dazugeben,
   die gewürfelte Mango darauf verteilen und den Pudding mit Kokosflakes und
   Cashewnüssen bestreuen.
☐ Die Minzeblätter fein hacken und zum Schluss darübergeben.

VEGANE VARIANTE: Verwenden Sie statt Joghurt aus Milch einen Sojajoghurt.

REICH AN:
■ Vitamine: B_1, Folsäure, C
■ Mineralstoffe: Kalium, Magnesium, Kupfer, Mangan

Bananen-Schokoladen-Pancakes

Zubereitungszeit: 25 Minuten

200 g Weizenvollkornmehl
1 TL Weinsteinbackpulver
150 ml Milch
150 ml Kokosmilch
2 EL Kokosblütensirup
2 Bananen
2 EL Kokosraspel
Kokosöl zum Backen
4 EL Schokoladenaufstrich von Seite 68

- □ Für die Pancakes Weizenvollkornmehl, Backpulver, Milch, Kokosmilch und Kokosblütensirup mit dem Pürierstab zu einem glatten Teig mixen.
- □ Bananen schälen und in Scheiben schneiden.
- □ Kokosraspel in einer Pfanne ohne Fett rösten.
- □ Kokosöl in einer Pfanne erhitzen. Nach und nach aus dem Teig Pancakes backen. Dafür pro Pancake einen Esslöffel Teig in die Pfanne geben.
- □ Jeweils einen Pancake mit Schokoladenaufstrich bestreichen und mit Bananenscheiben belegen.
- □ Mit gerösteten Kokosraspeln bestreut servieren.

VEGANE VARIANTE: Die Milch durch einen Sojadrink ersetzen.

REICH AN:
- Vitamine: B_1, B_6, Biotin, Folsäure, Niacin
- Mineralstoffe: Kalium, Magnesium, Phosphor, Eisen, Zink, Kupfer, Mangan

Schokoladenaufstrich

Zubereitungszeit: 5 Minuten

2 EL Mandelmus
3 EL Kokosöl
2 EL Kokosblütensirup
2 EL Kokosraspel
2 EL Kakaopulver

☐ Alle Zutaten im Mixer zu einer feinen Creme vermischen.

REICH AN:

■ Mineralstoffe: Magnesium, Mangan, Kupfer

TIPP: Der Schokoladenaufstrich schmeckt nicht nur mit den Pancakes von Seite 67, sondern auch auf dem Frühstücksbrot. In Verbindung mit einem Eiweiß-brot kann der Aufstrich auch als Low-Carb-Mahlzeit gegessen werden.

Vollkorntoast mit Bananen und Walnüssen

High Protein **Body** **Brain**

Zubereitungszeit: 15 Minuten

200 g Quark
4 EL Milch
40 g Walnusskerne
3 Bananen
8 Scheiben Vollkorntoast
1 EL Kokosraspel
3 EL Kokosblütensirup

☐ Quark mit der Milch glatt rühren.
☐ Walnusskerne grob hacken. Bananen schälen und in Scheiben schneiden.
☐ Vollkorntoast goldbraun toasten.
☐ Kokosraspel in einer kleinen Pfanne ohne Fett rösten.
☐ Kokosblütensirup in einer Pfanne erhitzen, Bananenscheiben dazugeben und karamellisieren lassen. Walnusskerne ebenfalls zugeben.
☐ Quark auf die Toastscheiben verteilen und glatt streichen. Karamellisierte Bananenscheiben und Walnusskerne ebenfalls darauf verteilen.
☐ Geröstete Kokosraspel zum Schluss darüberstreuen.

VEGANE VARIANTE: Quark und Milch können durch vegane Alternativen, z. B. Seidentofu und Sojadrink, ausgetauscht werden. Je nach gewünschter Konsistenz kann die Mischung mit etwas Kokosmehl angedickt werden.

REICH AN:
■ Vitamine: E, B_6, Biotin, Folsäure, Niacin, C
■ Mineralstoffe: Kalium, Calcium, Magnesium, Phosphor, Chlorid, Kupfer, Mangan

Getränke und Shakes

Bananenshake mit Zimt

Zubereitungszeit: 10 Minuten

2 Orangen
4 Bananen
600 g Quark
400 ml Kokoswasser
4 EL Kokosblütensirup
gemahlener Zimt nach Geschmack
4 EL Leinöl

- ☐ Orangen halbieren und auspressen. Bananen schälen.
- ☐ Orangensaft zusammen mit Quark, Kokoswasser, Bananen, Kokosblütensirup und Zimt in einen Mixbehälter geben und alles fein pürieren.
- ☐ Zum Schluss das Leinöl mit einem Löffel sorgfältig in den Shake einrühren und anschließend den Shake auf vier Gläser verteilen.

VEGANE VARIANTE: Verwenden Sie Sojajoghurt als Alternative zum Quark.

REICH AN:
- ■ Vitamine: B_6, C
- ■ Mineralstoffe: Kalium

Himbeershake mit Datteln

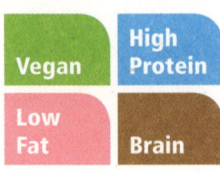

Zubereitungszeit: 15 Minuten

10 Datteln
3 Orangen
1 Banane
300 ml Kokoswasser
100 g Himbeeren

☐ Datteln entsteinen und grob würfeln.
☐ Orangen halbieren und auspressen.
☐ Banane schälen.
☐ Alle Zutaten zusammen in einen Mixbehälter geben und fein pürieren.

REICH AN:
■ Vitamine: B_6, C
■ Mineralstoffe: Kalium, Kupfer

TIPP: Außerhalb der Himbeersaison kann Tiefkühlware verwendet werden.

Bananen-Mandel-Milch

Zubereitungszeit: 10 Minuten

1 ½ Bananen
½ Limette
400 ml Kokosmilch
400 ml Mandeldrink
8 EL (60 ml) Acerolasaft

☐ Bananen schälen. Limettenhälfte auspressen.
☐ Alle Zutaten zusammen in den Mixer geben und fein cremig pürieren.
☐ Den Shake gut gekühlt servieren.

REICH AN:
■ Vitamine: E, C
■ Mineralstoffe: Kalium, Calcium, Chlorid, Kupfer, Mangan

Exotischer Kokosshake

Zubereitungszeit: 15 Minuten

2 Orangen
150 g Kiwi
150 g Mango
150 ml Ananassaft
400 ml Kokosmilch

- ☐ Orangen halbieren und auspressen.
- ☐ Kiwi schälen und grob zerkleinern.
- ☐ Mango ebenfalls schälen und das Fruchtfleisch vom Stein lösen.
- ☐ Obst mit Saft und Kokosmilch in den Mixer geben und fein pürieren.
- ☐ Den Shake gut gekühlt servieren.

REICH AN:
- ■ Vitamine: Folsäure, C
- ■ Mineralstoffe: Kalium

Kokos-Kakao

Zubereitungszeit: 15 Minuten

1 l Milch
8 EL (40 g) Kakaopulver
4 EL Kokosblütenzucker
2 EL Kokosblütensirup

☐ Milch unter Rühren erhitzen.
☐ Kakaopulver und den Kokosblütenzucker vermischen.
☐ Von der erhitzten Milch etwa 10 EL zu der Kakao-Zucker Mischung geben und alles zu einer glatten Masse verrühren.
☐ Die Kakao-Zucker-Masse in die restliche heiße Milch einrühren.
☐ Kakao mit dem Kokosblütensirup süßen.

VEGANE VARIANTE: Die Milch lässt sich durch Sojadrink ersetzen.

REICH AN:
■ Mineralstoffe: Kalium, Magnesium, Eisen, Kupfer, Mangan

Ananaslassi

Vegan | Low Fat | Brain

Zubereitungszeit: 10 Minuten

500 g Ananas
200 g Sojajoghurt
Saft von einer ½ Limette
100 g Eiswürfel
2 Stängel Minze
¼ l Kokoswasser

☐ Ananas schälen, den Strunk entfernen und das Fruchtfleisch grob zerkleinern.
☐ Das Ananas-Fruchtfleisch zusammen mit allen anderen Zutaten in den Mixer geben und fein cremig pürieren.
☐ Lassi gut gekühlt servieren.

REICH AN:
■ Vitamine: C

Kokos-Beeren-Shake

Vegan | **High Laurin** | **Body** | **Brain**

Zubereitungszeit: 10 Minuten

600 ml Kokosmilch
200 g Sojajoghurt
300 g Beerenmischung
3 EL Agavendicksaft

☐ Alle Zutaten zusammen fein cremig pürieren.
☐ Gut kühlen und zum Servieren auf Gläser verteilen.

REICH AN:
■ Vitamine: Folsäure, C

TIPP: Für den Shake können frische, aber auch tiefgekühlte Beeren verwendet werden. Je nach Geschmack verschiedene Beeren der Saison, z. B. Himbeeren und Erdbeeren, mischen. Auch eine fertige, tiefgekühlte Beerenmischung, ohne Zusätze und ohne Zucker, ist gut geeignet.

Suppen

Vegan | High Laurin | Low Carb | Brain

Kürbis-Bananen-Suppe

Zubereitungszeit: 45 Minuten

2 Schalotten
300 g Hokkaido-Kürbis
½ rote Chilischote
2 EL Kokosöl
400 ml Gemüsebrühe
300 ml Kokosmilch
1 Banane
4 EL Kokosmus
Salz
Pfeffer
Saft von einer ½ Limette

- ☐ Schalotten schälen und in Würfel schneiden. Kürbis (nicht schälen) in Würfel von etwa 1,5 × 1,5 cm schneiden. Chilischote fein hacken.
- ☐ Kokosöl erhitzen. Schalotten im heißen Öl anschwitzen. Nach etwa 1 Minute den Kürbis und die Chilischote hinzugeben. Für weitere 5 Minuten, unter mehrmaligem Rühren, den Kürbis anbraten.
- ☐ Gemüsebrühe und Kokosmilch zugeben und bei reduzierter Hitze das Gemüse für etwa 10 Minuten weich kochen.
- ☐ Banane schälen und mit dem Kokosmus zur Suppe geben. Die Suppe nun fein pürieren.
- ☐ Kürbissuppe mit Salz, Pfeffer und Limettensaft abschmecken.

REICH AN:

- ■ Vitamine: K, B_6, Folsäure, C
- ■ Mineralstoffe: Chlorid, Kalium

Tomatensuppe

Vegan **Low Carb** **Body**

Zubereitungszeit: 25 Minuten

2 Schalotten
1 Knoblauchzehe
½ rote Chilischote
1 EL Kokosöl
100 g Tomatenmark
400 ml Kokosmilch
400 g geschälte Tomaten
3 EL Kokosmus
1 TL Agavendicksaft
1 EL Kokosmehl
Salz
Pfeffer
2 Stängel Basilikum

- ☐ Schalotten und Knoblauch schälen und in kleine Würfel schneiden. Chilischote fein hacken.
- ☐ Kokosöl in einem Topf erhitzen. Schalotten, Knoblauch und Chili im heißen Öl glasig anschwitzen.
- ☐ Nach etwa 2 Minuten das Tomatenmark hinzufügen und unter Rühren mit anbraten. Nach weiteren 3 Minuten mit Kokosmilch und den geschälten und zerkleinerten Tomaten ablöschen.
- ☐ Das Kokosmus hinzugeben und die Suppe einmal aufkochen lassen.
- ☐ Mit dem Pürierstab die Suppe fein pürieren.
- ☐ Agavendicksaft und Kokosmehl hinzufügen und die Suppe mit Salz und Pfeffer abschmecken.
- ☐ Basilikumblätter von den Stielen zupfen und erst kurz vor dem Servieren in feine Streifen schneiden.
- ☐ Suppe bestreut mit den Basilikumstreifen servieren.

REICH AN:
- ▪ Vitamine: E, C
- ▪ Mineralstoffe: Kalium, Kupfer

 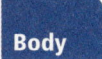

Erbsensuppe
mit Korianderpesto

Zubereitungszeit: 45 Minuten

½ rote Chilischote
2 Schalotten
1 Knoblauchzehe
2 EL Kokosöl
400 g tiefgekühlte grüne Erbsen
400 ml Kokosmilch
400 ml Gemüsebrühe
6 EL Korianderpesto (siehe Rezept auf Seite 131)
Salz
Pfeffer

☐ Chilischote fein hacken. Schalotten und Knoblauch schälen und in kleine Würfel schneiden.

☐ Kokosöl in einem Topf erhitzen. Schalotten und Knoblauch im heißen Öl glasig anschwitzen. Erbsen und Chili zugeben und ebenfalls mit anschwitzen.

☐ Nach etwa 5 Minuten die Kokosmilch und Gemüsebrühe dazugeben. Die Suppe bei schwacher Hitze 5 Minuten köcheln lassen.

☐ In der Zwischenzeit das Korianderpesto, wie auf Seite 131 beschrieben, zubereiten.

☐ Die Suppe fein pürieren. 4 EL Korianderpesto zugeben und evtl. noch mit etwas Salz und Pfeffer abschmecken.

☐ Suppe anrichten und jeweils ½ TL Pesto vor dem Servieren auf die Suppe geben.

REICH AN:
- Vitamine: E, K, Folsäure, C
- Mineralstoffe: Kalium, Chlorid, Mangan

Süßkartoffelsuppe

Zubereitungszeit: 45 Minuten

300 g Süßkartoffeln
50 g Lauch
2 Stängel Petersilie
1 – 2 rote Chilischoten
10 g Ingwer
5 EL Kokosöl
½ l Gemüsebrühe
200 ml Kokosmilch
4 Scheiben Vollkorntoastbrot
Salz
Pfeffer
3 EL heller Balsamicoessig
Schale von einer ½ unbehandelten Orange

☐ Den Backofen auf 150 °C vorheizen.
☐ Süßkartoffeln schälen und in Würfel von etwa 1 × 1 cm schneiden. Lauch längs halbieren und ebenfalls klein schneiden. Petersilienblätter fein hacken. Chilischoten ebenfalls fein hacken.
☐ Ingwer schälen und reiben. 3 EL Kokosöl erhitzen und die Süßkartoffeln, Lauch, Chili und Ingwer anschwitzen, dabei öfter umrühren.
☐ Nach etwa 5 Minuten die Brühe und Kokosmilch hinzugeben und etwa 10 Minuten köcheln lassen, bis das Gemüse weich ist.
☐ In der Zwischenzeit die Toastbrote in Würfel von 1 × 1 cm schneiden. Die Croûtons auf einem Backblech im Backofen 15 Minuten rösten.
☐ In einer Pfanne das restliche Kokosöl erhitzen und die gerösteten Croûtons darin schwenken. Zum Abkühlen auf ein Küchenpapier geben.
☐ Die Suppe pürieren und mit Salz, Pfeffer, Essig und abgeriebener Orangenschale abschmecken.
☐ Suppe mit Croûtons und Petersilie bestreut servieren.

REICH AN:

■ Vitamine: E, K, B$_6$, Folsäure, Pantothensäure, C
■ Mineralstoffe: Kalium, Phosphor, Chlorid, Kupfer, Mangan

Karottensuppe

Zubereitungszeit: 35 Minuten

400 g Karotten
2 Schalotten
1 Knoblauchzehe
2 EL Kokosöl
300 ml Kokosmilch
300 ml Gemüsebrühe
2 Kaffir-Limettenblätter
2 TL Tamarindenpaste
Salz
Pfeffer
1 EL Limettensaft

- ☐ Karotten schälen und in Scheiben schneiden. Schalotten und Knoblauch schälen und in Würfel schneiden.
- ☐ Kokosöl in einem Topf erhitzen. Schalotten und Knoblauch im heißen Öl anschwitzten. Nach etwa 1 Minute die Karotten hinzufügen und für weitere 5 Minuten mit anschwitzen.
- ☐ Kokosmilch, Gemüsebrühe und Kaffir-Limettenblätter dazugeben und bei reduzierter Hitze etwa 15 Minuten köcheln lassen, bis die Karotten weich sind.
- ☐ Kaffir-Limettenblätter entfernen. Die Tamarindenpaste hinzufügen und die Suppe pürieren. Mit Salz, Pfeffer und Limettensaft abschmecken.

REICH AN:
- ■ Vitamine: K
- ■ Mineralstoffe: Kalium, Chlorid, Eisen

TIPP: Kaffir-Limettenblätter gibt es frisch oder getrocknet in gut sortierten Supermärkten oder im Asiamarkt. Sie duften intensiv nach Zitronen. Ganz oder in Streifen geschnitten, verfeinern sie neben Suppen auch Currys oder Salate.

Tamarindenpaste wird aus dem Fruchtmark und den Samen des Tamarindenbaumes gewonnen. Durch ihren herb-säuerlichen Geschmack ist sie besonders für Suppen, Currys oder auch als Marinade für Tofu geeignet.

Blumenkohl-Curry-Suppe

Vegan **High Laurin** **Low Carb** **Brain**

Zubereitungszeit: 35 Minuten

500 g Blumenkohl
2 Schalotten
1 Knoblauchzehe
20 g Ingwer
¼ rote Chilischote
2 EL Kokosöl
2 TL Currypulver
300 ml Kokosmilch
300 ml Gemüsebrühe
3 EL Kokosmus
Saft von einer ½ Zitrone
Salz
Pfeffer

- ☐ Blumenkohl putzen und in kleine Röschen schneiden.
- ☐ Schalotten und Knoblauch schälen und in Würfel schneiden. Ingwer schälen und reiben. Chilischote fein hacken.
- ☐ Kokosöl erhitzen. Schalotten- und Knoblauchwürfel zusammen mit dem Ingwer und der Chilischote im heißen Öl anschwitzen. Nach etwa 3 Minuten den Blumenkohl und das Currypulver zugeben und für etwa 5 weitere Minuten mit anschwitzen.
- ☐ Mit Kokosmilch und Gemüsebrühe ablöschen. Bei reduzierter Hitze für etwa 10 Minuten köcheln lassen. Das Kokosmus zugeben und die Suppe pürieren.
- ☐ Suppe mit Zitronensaft, Salz und Pfeffer abschmecken.

REICH AN:

- ▪ Vitamine: K, Folsäure, Pantothensäure, C
- ▪ Mineralstoffe: Kalium, Chlorid, Mangan

TIPP: Für die Suppe werden 400 g geputzter Blumenkohl benötigt. Der Kopf im Einkaufskorb sollte daher etwa 500 g wiegen.

Linsen-Kokos-Suppe mit Sesam

Vegan | High Protein | High Laurin | Body | Brain

Zubereitungszeit: 30 Minuten

200 g rote Linsen
2 Schalotten
1 Knoblauchzehe
2 EL Kokosöl
2 TL gemahlener Kreuzkümmel
400 ml Kokosmilch
600 ml Gemüsebrühe
2 EL Sesam
4 Stängel Petersilie
2 EL Sesampaste (Tahin)
3 EL Balsamicoessig
Salz
Pfeffer

☐ Linsen in ein Sieb geben, mit Wasser abspülen und abtropfen lassen.
☐ Schalotten und Knoblauch schälen und in Würfel schneiden.
☐ Kokosöl in einem Topf erhitzen. Schalotten und Knoblauch im heißen Öl farblos anschwitzen. Sind die Schalotten glasig, die Linsen zugeben und mit anschwitzen. Nach etwa 1 Minute den Kreuzkümmel zugeben und 1 weitere Minute anschwitzen.
☐ Kokosmilch und die Gemüsebrühe dazugeben. Die Suppe bei geringer Hitze etwa 15 Minuten köcheln lassen, bis die Linsen weich sind.
☐ Sesam ohne Fett in einer Pfanne rösten. Die Petersilie fein hacken.
☐ Die Sesampaste in die Suppe geben und anschließend die Suppe mit einem Pürierstab fein pürieren. Mit Balsamicoessig, Salz und Pfeffer abschmecken.
☐ Suppe anrichten und mit dem gerösteten Sesam und der gehackten Petersilie bestreut servieren.

REICH AN:
■ Vitamine: K, B_1, B_2, B_6, Folsäure, Niacin
■ Mineralstoff: Kalium, Magnesium, Eisen, Zink, Kupfer, Mangan

Kokos-Gemüse-Suppe

Vegan | High Laurin | Low Carb | Brain

Zubereitungszeit: 30 Minuten

150 g Shiitake-Pilze
1 Stange Staudensellerie
1 rote Paprikaschote
450 g Chinakohl
40 g Ingwer
2 Stängel Zitronengras
1 – 2 rote Chilischoten
400 ml Kokosmilch
600 ml Gemüsebrühe
250 g Blattspinat
4 EL Sojasauce
Salz
4 Stängel Korianderblätter

☐ Pilze und Sellerie in dünne Scheiben schneiden. Paprika entkernen und in feine Streifen schneiden. Den Chinakohl nach dem Entfernen des Strunkes ebenfalls in feine Streifen schneiden.
☐ Ingwer schälen und fein reiben. Zitronengras dritteln und im Mörser mit dem Stößel grob zerdrücken. Chilischoten fein hacken.
☐ Kokosmilch mit Brühe, Ingwer, Zitronengras und Chili zum Kochen bringen. Das geschnittene Gemüse zusammen mit dem Blattspinat zur Brühe geben und 5 – 7 Minuten bissfest garen.
☐ Zitronengras aus der Suppe entfernen.
☐ Die Suppe mit Sojasauce und Salz abschmecken.
☐ Korianderblätter hacken und über die angerichtete Suppe streuen.

REICH AN:
■ Vitamine: D, E, B_1, B_2, B_6, Folsäure, Niacin, Pantothensäure, C
■ Mineralstoffe: Kalium, Calcium, Magnesium, Phosphor, Eisen, Kupfer, Mangan

Rote-Bete-Kokos-Suppe

Zubereitungszeit: 45 Minuten

1 Schalotte
600 g Rote Beten
20 g Ingwer
2 EL Kokosöl
400 ml Kokosmilch
½ l Gemüsebrühe
Salz
Pfeffer
80 g Staudensellerie
40 g Walnusskerne

☐ Schalotte schälen und in grobe Stücke schneiden.
☐ Rote Beten schälen und in Würfel, etwa 1 × 1 cm, schneiden.
☐ Ingwer schälen und klein hacken.
☐ Kokosöl in einem Topf erhitzen. Schalotte, Rote Bete und Ingwer im heißen Öl für etwa 5 Minuten anschwitzen, dabei öfter umrühren.
☐ Kokosmilch und Gemüsebrühe hinzugeben und die Suppe für etwa 30 Minuten köcheln lassen, bis die Rote Beten gar sind.
☐ Die Suppe pürieren und mit Salz und Pfeffer würzen.
☐ Staudensellerie in sehr feine Scheiben schneiden. Walnüsse grob hacken.
☐ Sellerie und Walnüsse beim Anrichten auf der Suppe verteilen.

REICH AN:
■ Vitamine: E, K, Folsäure
■ Mineralstoffe: Kalium, Magnesium, Kupfer

Salate

Granatapfeldressing

Zubereitungszeit: 10 Minuten

Vegan | Low Carb | Body

100 ml Granatapfelsaft
100 g Seidentofu
1 EL Kokosmus
3 EL Rapsöl
1 MSP gemahlener Koriander
1 EL Zitronensaft
Salz
Pfeffer

☐ Alle Zutaten, bis auf Salz und Pfeffer, mit dem Pürierstab oder im Mixer fein cremig pürieren.
☐ Mit Salz und Pfeffer abschmecken.

REICH AN:
◼ Vitamine: E

TIPP: Das Dressing passt sehr gut zu einem gemischten Blattsalat und hält sich in einem verschlossenen Schraubglas mehrere Tage im Kühlschrank.

Seidentofu-Kokos-Dressing

Zubereitungszeit: 10 Minuten

100 g Seidentofu
50 ml Kokosmilch
1 EL Kokosblütensirup
Saft von einer ½ Limette
3 EL Rapsöl
2 EL Reisessig
Salz
Pfeffer

☐ Alle Zutaten, bis auf Salz und Pfeffer, mit dem Pürierstab oder im Mixer fein cremig pürieren.
☐ Mit Salz und Pfeffer abschmecken.

REICH AN:
■ Vitamine: E

TIPP: Als Alternative zum Reisessig kann auch ein Weißweinessig verwendet werden. In einem Schraubglas verschlossen, hält sich das Dressing mehrere Tage im Kühlschrank.

Karottenrohkost
mit Orangendressing

Zubereitungszeit: 25 Minuten

700 g Karotten
½ TL Koriandersamen
4 Stängel Petersilie
2 EL flüssiges Kokosöl (eventuell erwärmt)
Saft von einer ½ Orange
1 EL Limettensaft
½ EL Kokosblütensirup
2 EL Rapsöl
Salz
Pfeffer
2 EL Kokosflakes
4 EL Walnusskerne

- ☐ Karotten schälen und grob raspeln.
- ☐ Koriandersamen in einer Pfanne ohne Fett rösten, bis es zu duften beginnt. Anschließend im Mörser fein zerstoßen.
- ☐ Petersilienblätter von den Stängeln zupfen und fein hacken.
- ☐ Alle Zutaten, bis auf Karotten, Gewürze, Kokosflakes und Walnüsse, zu einem Dressing vermengen und mit Salz und Pfeffer abschmecken.
- ☐ Dressing über die Karotten geben.
- ☐ Kokosflakes in einer Pfanne ohne Fett rösten. Die Walnusskerne grob hacken.
- ☐ Den Karottensalat anrichten und mit Kokosflakes und Walnusskernen bestreut servieren.

REICH AN:
- ■ Vitamine: E, B_6, Biotin
- ■ Mineralstoffe: Kalium, Eisen, Mangan

Fruchtiger Glasnudelsalat

Vegan | High Protein | Body

Zubereitungszeit: 50 Minuten

Für den marinierten Tofu:
500 g Tofu
5 EL Sojasauce
5 EL Kokosmilch
2 EL Kokosöl

Für das Dressing:
10 g Ingwer
1 rote Chilischote
1 Mango
8 EL Sojasauce
100 ml Kokosmilch
8 EL Sesamöl

Für den Salat:
100 g Glasnudeln
4 Stängel Korianderblätter
4 EL geröstete und gesalzene Erdnüsse
4 EL Kokosflakes
180 g Weißkohl
50 g Champignons
180 g Karotten
180 g Salatgurken

☐ **Tofu** in Würfel von etwa 1 × 1 cm schneiden und in Sojasauce und Kokosmilch für 20 Minuten marinieren.

☐ Für das **Dressing** zunächst den Ingwer schälen und reiben. Die Chilischote sehr fein hacken. Die Mango schälen und das Fruchtfleisch vom Stein entfernen. Die Hälfte der Mango in Würfel schneiden. Die andere Hälfte mit dem geriebenen Ingwer, Sojasauce, Kokosmilch und Sesamöl pürieren. Gehackte Chilischote und gewürfelte Mango zugeben.

☐ Für den **Salat** die Glasnudeln nach Packungsanleitung garen, in einem Sieb mit kalten Wasser abbrausen und bis zur weiteren Verarbeitung im Sieb abtropfen lassen.

- Korianderblätter fein hacken. Erdnüsse grob hacken.
- Die Kokosflakes in einer Pfanne ohne Fett rösten.
- Geputzten Weißkohl in feine Streifen, Champignons in feine Scheiben, geschälte Karotten und Gurken in feine Stifte schneiden.
- Das Gemüse zusammen mit den kalten, abgetropften Glasnudeln und dem Dressing in einer Schüssel vermischen.
- Den Tofu im Kokosöl scharf anbraten und mit dem Salat anrichten. Zum Schluss Erdnüsse, Kokosflakes und gehackte Korianderblätter über den Salat streuen.

REICH AN:

- Vitamine: E, K, B_1, B_2, B_6, Biotin, Folsäure, Niacin, Pantothensäure, C
- Mineralstoffe: Kalium, Calcium, Magnesium, Phophor, Chlorid, Eisen, Zink, Kupfer, Mangan

Gurken-Rettich-Salat

Vegan **Low Carb**

Zubereitungszeit: 25 Minuten

550 g Rettiche
550 g Salatgurken
½ Schalotte
¼ rote Chilischote
4 Stängel Korianderblätter
10 g Ingwer
1 EL Sesam
1 EL Kokosraspel
3 EL flüssiges Kokosöl (eventuell erwärmt)
3 EL Reisessig
3 EL Sesamöl
Salz
Pfeffer

☐ Rettiche und Gurken schälen, in feine Scheiben schneiden und vermischen.
☐ Schalotte schälen und wie die Chilischote sehr fein hacken.
☐ Korianderblätter fein hacken. Den Ingwer schälen und reiben.
☐ Sesam und Kokosraspel in einer Pfanne ohne Fett rösten.
☐ Alle Zutaten, bis auf Gurken und Rettiche, zu einem Dressing verrühren.
  Mit Salz und Pfeffer abschmecken.
☐ Dressing über den Gurken-Rettich-Salat geben und gut vermischen.

REICH AN:
■ Vitamine: K, Folsäure, C
■ Mineralstoffe: Kalium

Chinakohl mit Erdnussdressing

Vegan · Low Carb

Zubereitungszeit: 25 Minuten

650 g Chinakohl
½ Schalotte
2 EL flüssiges Kokosöl (eventuell erwärmt)
Saft von einer ½ Limette
1 EL Erdnussbutter
2 EL Sojasauce
2 EL Sesamöl
1 EL Kokosblütensirup
4 EL ungesalzene Erdnüsse

☐ Chinakohl putzen und in feine Streifen schneiden.
☐ Schalotte schälen und fein würfeln.
☐ Alle Zutaten, bis auf den Chinakohl und die Erdnüsse, in einem Mixer zu einem glatten Dressing verrühren.
☐ Dressing über den Chinakohl geben.
☐ Erdnüsse grob hacken und über den Salat streuen.

REICH AN:
■ Vitamine: E, K, B$_6$, Biotin, Folsäure, Niacin, C
■ Mineralstoffe: Kalium, Phosphor, Mangan

Reisnudelsalat mit Spargel und Zuckerschoten

Zubereitungszeit: 30 Minuten

Für das Dressing:
100 ml Kokosmilch
1 EL helle Misopaste
1 ½ EL Kokosmus
10 g Ingwer
1 EL Kokosblütensirup
1 EL Sesamöl
Saft von einer ½ Limette
Salz

240 g Reisnudeln
150 g Zuckerschoten
450 g weißer Spargel
2 EL Sesam
3 EL Kokosflakes
1 EL Kokosöl
2 TL Kokosblütenzucker
3 EL Sojasauce

- Für das **Dressing** Kokosmilch erwärmen und Misopaste und Kokosmus darin auflösen. Ingwer schälen, reiben und mit Kokosblütensirup, Sesamöl, Limettensaft zur Kokosmilch geben. Mit Salz abschmecken und abkühlen lassen.
- Inzwischen Reisnudeln nach der Packungsangabe garen und abkühlen lassen.
- Zuckerschoten halbieren. Spargel schälen und in feine Scheiben schneiden.
- Sesam und Kokosflakes nacheinander in einer Pfanne ohne Fett rösten.
- Kokosöl erhitzen. Zuckerschoten und Spargel etwa 3 Minuten anbraten. Kokosblütenzucker zugeben, kurz karamellisieren lassen, mit Sojasauce ablöschen.
- Gemüse, Nudeln und Dressing vermengen und mit Sesam und Kokosflakes bestreuen.

REICH AN:
- Vitamine: E, K, B$_1$, Biotin, Folsäure, Niacin, Pantothensäure, C
- Mineralstoffe: Kalium, Phosphor, Chlorid, Eisen, Kupfer, Mangan

Fenchel-Kichererbsen-Salat

Zubereitungszeit: 25 Minuten

Für den Salat:
400 g gegarte Kichererbsen
400 g Fenchelknollen
2 Orangen
etwas Fenchelgrün

Für das Dressing:
¼ rote Chilischote
70 ml Kokosmilch
2 EL Limettensaft
½ TL Currypulver
1 TL Kokosblütensirup
Salz
Pfeffer

☐ Für den **Salat** die Kichererbsen abtropfen lassen und kurz unter fließendem Wasser abspülen.

☐ Fenchel in feine Scheiben hobeln. Orangen schälen und die Filets mit einem scharfen Messer herausschneiden. Den Saft der Orangen dabei auffangen.

☐ Fenchelgrün fein hacken und beiseite legen.

☐ Kichererbsen, Fenchelscheiben und Orangen vermengen.

☐ Für das **Dressing** Chilischote fein hacken. Alle Zutaten für das Dressing mit dem aufgefangenen Orangensaft verrühren, mit Salz und Pfeffer abschmecken.

☐ Fenchel-Kichererbsen-Salat mit dem Dressing mischen.

☐ Das gehackte Fenchelgrün über den Salat streuen.

REICH AN:
■ Vitamine: E, B$_1$, B$_2$, B$_6$, Folsäure, Niacin, C
■ Mineralstoffe: Kalium, Magnesium, Phosphor, Eisen, Zink, Kupfer, Mangan

TIPP: Für das Garen der Kichererbsen müssen Sie zusätzlich mehrere Stunden Einweichzeit und etwa 1 Stunde Garzeit einplanen. Lässt sich aber prima vorbereiten!

Blattsalat mit Himbeerdressing und geräuchertem Tofu

Zubereitungszeit: 20 Minuten

Für den Salat:
1 Kopf Radiccio
1 Kopf Lollo bianco
100 g Rucola
300 g geräucherter Tofu
1 EL Kokosöl

Für das Dressing:
3 Stängel Petersilie
100 ml Kokosmilch
80 g Himbeeren
2 EL Limettensaft
2 TL Kokosblütensirup
Salz
Pfeffer

☐ Für den **Salat** die Salatblätter zerkleinern und alle Sorten in einer Schüssel vermischen.
☐ Tofu in Würfel schneiden. Kokosöl erhitzen und die Tofuwürfel im heißen Öl anbraten.
☐ Für das **Dressing** Petersilie fein hacken.
☐ Kokosmilch, Himbeeren, Limettensaft und Kokosblütensirup mit dem Pürierstab fein cremig pürieren. Dressing mit Salz und Pfeffer abschmecken und die gehackte Petersilie dazugeben.
☐ Salat mit dem Dressing mischen und mit den Tofuwürfeln anrichten.

REICH AN:
- Vitamine: E, K, Folsäure, Niacin, C
- Mineralstoffe: Kalium, Calcium, Magnesium, Phosphor, Chlorid, Eisen, Zink, Kupfer, Mangan

Couscous-Salat

Zubereitungszeit: 25 Minuten

Vegan | High Laurin | High Carb | Body | Brain

Für den Salat:
¼ l Wasser
2 TL Currypulver
2 EL Kokosmus
Salz
250 g Couscous
1 Schalotte
500 g Ananas
1 EL Kokosöl
3 Stängel Minze

Für das Dressing:
50 ml Kokosmilch
2 EL Limettensaft
1 TL Kokosblütensirup
Salz
Pfeffer

☐ Für den **Salat** Wasser, Currypulver und Kokosmus zusammen aufkochen. Mit Salz abschmecken und anschließend über den Couscous geben. Couscous etwa 5 – 10 Minuten quellen lassen.

☐ Schalotte schälen und in feine Würfel schneiden. Ananas schälen und 250 g davon in kleine Würfel schneiden. Kokosöl erhitzen. Schalotten- und Ananaswürfel im heißen Öl anbraten, bis die Ananas etwas Farbe bekommen hat.

☐ Für das **Dressing** Kokosmilch, Limettensaft, Kokosblütensirup und die restliche Ananas zusammen mit dem Pürierstab mixen und mit Salz und Pfeffer abschmecken.

☐ Blätter der Minze fein hacken. Gebratene Ananas, Couscous und Dressing mischen. Die gehackte Minze unterheben.

REICH AN:
- Vitamine: K, B_1, Niacin, C
- Mineralstoffe: Kalium, Magnesium, Phosphor, Chlorid, Eisen, Kupfer, Mangan

Bulgur-Orangen-Salat

Zubereitungszeit: 30 Minuten

Für den Salat:
100 ml Orangensaft
350 ml Gemüsebrühe
2 EL Kokosmus
250 g Bulgur
3 Orangen
2 EL Kokosraspel
50 g Walnusskerne
100 g Rucola

Für das Dressing:
2 EL Kokosblütensirup
50 ml Orangensaft
100 ml Kokosmilch
Saft von einer ½ Limette
Salz
Pfeffer

☐ Für den **Salat** Orangensaft, Gemüsebrühe und Kokosmus zusammen einmal aufkochen. Bulgur dazugeben, einmal aufkochen, vom Herd nehmen und etwa 10 Minuten quellen lassen.

☐ Orangen schälen und die Filets mit einem scharfen Messer herauslösen.

☐ Kokosraspel in einer Pfanne ohne Fett rösten. Die Walnusskerne grob hacken.

☐ Für das **Dressing** Kokosblütensirup, Orangensaft, Kokosmilch und Limettensaft verrühren und anschließend mit Salz und Pfeffer abschmecken.

☐ Bulgur mit dem Dressing mischen. Orangenfilets und Rucolasalat daruntermischen und mit Kokosraspeln und Walnusskernen bestreut servieren.

REICH AN:
■ Vitamine: E, K, B_1, B_6, Biotin, Folsäure, Niacin, Pantothensäure, C
■ Mineralstoffe: Kalium, Magnesium, Phosphor, Chlorid, Eisen, Zink, Kupfer, Mangan

Quinoa-Karotten-Salat

Zubereitungszeit: 30 Minuten

Vegan | High Protein | High Laurin | High Carb | Brain

Für den Salat:
350 ml Karottensaft
350 ml Kokosmilch
350 g Quinoa
400 g Karotten
3 EL Kokosraspel

Für das Dressing:
3 Stängel Petersilie
4 EL Kokosmilch
2 EL Sojasauce
Saft von einer ½ Limette
Salz
Pfeffer

☐ Für den **Salat** die Quinoa in einem Sieb unter fließendem Wasser abspülen.
☐ Karottensaft und Kokosmilch mit der Quinoa zusammen aufkochen und unter leichtem Köcheln für etwa 30 Minuten garen. Nach dem Garen die Quinoa abkühlen lassen.
☐ Karotten schälen und grob raspeln. Karotten und Kokosraspel mit Quinoa mischen.
☐ Für das **Dressing** die Petersilie fein hacken. Kokosmilch, Sojasauce und Limettensaft mit der gehackten Petersilie mischen.
☐ Dressing mit dem Quiona-Karotten-Salat mischen und den Salat nach Belieben mit Salz und Pfeffer abschmecken.

REICH AN:
■ Vitamine: K, B$_1$, B$_6$, Folsäure, Niacin, Pantothensäure, C
■ Mineralstoffe: Kalium, Magnesium, Phosphor, Chlorid, Eisen, Zink, Kupfer, Mangan

Nährstoffe für zwischendurch

Cranberry-Kokos-Pralinen

ergibt etwa 20 Kugeln
Zubereitungszeit: 30 Minuten

Saft von einer ½ Orange
100 g getrocknete Cranberrys
75 g Kokosraspel
50 g Kokosmus

☐ Orangensaft mit den Cranberrys, 60 g Kokosraspeln und Kokosmus im Mixer zu einer homogenen Masse pürieren.
☐ Aus der Masse walnussgroße Kugeln formen.
☐ Pralinen in den restlichen Kokosraspeln wälzen.

TIPP: Für eine ausreichende Zwischenmahlzeit können drei bis vier Pralinen gegessen werden.

Aprikosen-Cashew-Pralinen

Vegan · Brain

ergibt etwa 15 Kugeln
Zubereitungszeit: 15 Minuten

100 g getrocknete Aprikosen
5 EL (50 g) Cashewnüsse
2 EL Kokosblütensirup
3 EL (30 g) Haferflocken
4 EL Kokosraspel
abgeriebene Schale von 1 unbehandelten Orange

☐ Aprikosen grob würfeln. Cashewnüsse und Aprikosen im Mixer fein mixen.
☐ Kokosblütensirup in einer Pfanne erwärmen, bis er flüssig ist. Alle übrigen Zutaten, inklusive Aprikosen-Cashew-Masse, in die Pfanne geben und gründlich vermengen.
☐ Aus der warmen Masse die Pralinen formen.

TIPP: Eine Portion von vier Pralinen ist eine ausreichende Zwischenmahlzeit für eine Person. Im Kühlschrank können die Pralinen mindestens eine Woche aufbewahrt werden. Sie lassen sich auch sehr gut auf Vorrat zubereiten und einfrieren.

REICH AN:
■ Vitamine: E, Niacin
■ Mineralstoffe: Kupfer, Magnesium, Eisen, Kalium, Mangan

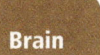

Kernige Müsliriegel

ergibt etwa 20 Riegel
Zubereitungszeit: 15 Minuten
Backzeit: 30 Minuten

50 g Kürbiskerne
50 g Haselnusskerne
100 g getrocknete Feigen
50 g entsteinte Trockenpflaumen
1 Apfel
150 g Weizenvollkornmehl
100 g Haferflocken
10 EL (50 g) Kokosraspel
¼ l Kokoswasser
5 EL flüssiges Kokosöl (eventuell erwärmt)
100 g getrocknete Cranberrys
½ TL Salz
3 EL Kokosblütensirup

☐ Den Backofen auf 180 °C vorheizen.
☐ Kürbiskerne und Haselnüsse im Mixer oder Blitzhacker kurz hacken.
☐ Feigen und Trockenpflaumen grob hacken. Den Apfel schälen, Kerngehäuse entfernen und anschließend den Apfel raspeln.
☐ Alle Zutaten zusammen in eine Schüssel geben und zu einem Teig verkneten.
☐ Ein Backblech mit Backpapier belegen und den Teig gleichmäßig darauf streichen. Der Teig lässt sich am besten mit einem nassen Löffel verteilen.
☐ Im vorgeheizten Backofen 30 Minuten backen.
☐ Den noch warmen Teig in Riegel schneiden und auf dem Blech auskühlen lassen.

REICH AN:
■ Vitamine: E

TIPP: Die Riegel lassen sich sehr gut auf Vorrat einfrieren und nach Bedarf einzeln auftauen.

Fruchtige Müsliriegel

ergibt etwa 20 Riegel
Zubereitungszeit: 15 Minuten
Backzeit: 30 Minuten

100 g getrocknete Aprikosen
5 EL (50 g) Cashewnüsse
50 g Bananenchips
1 EL Chiasamen
2 EL Kokosmehl
2 EL flüssiges Kokosöl (eventuell erwärmt)
3 EL Kokossirup
80 g Weizenvollkornmehl
40 g getrocknete Cranberrys
100 ml Kokoswasser

☐ Den Backofen auf 180 °C vorheizen.
☐ Aprikosen grob hacken.
☐ Cashewnüsse und Bananenchips im Mixer oder Blitzhacker kurz hacken.
☐ Alle Zutaten zusammen in eine Schüssel geben und zu einem Teig verkneten.
☐ Ein Backblech mit Backpapier belegen und den Teig gleichmäßig darauf glatt streichen. Der Teig lässt sich am besten mit einem nassen Löffel verteilen.
☐ Im vorgeheizten Backofen 30 Minuten backen.
☐ Den noch warmen Teig in Riegel schneiden und auf dem Blech auskühlen lassen.

REICH AN:

■ Vitamine: E, Niacin
■ Mineralstoffe: Kalium, Calcium, Eisen, Kupfer

TIPP: Die Müsliriegel lassen sich sehr gut auf Vorrat einfrieren. Für eine Zwischenmahlzeit kann man ruhig zwei bis drei Stück essen.

Kokos-Rhabarber-Eis am Stiel

Vegan · **High Laurin** · **Low Carb**

Zubereitungszeit: 10 Minuten
Kühlzeit: über Nacht

200 ml Kokosmilch
100 ml Rhabarbersaft
100 g Sojajoghurt

- ☐ Alle Zutaten miteinander mischen.
- ☐ Die Eismasse in vier Eisförmchen füllen, die Deckel mit Stiel aufsetzen und die Förmchen in das Tiefkühlgerät geben.
- ☐ Über Nacht gefrieren lassen.
- ☐ Zum Servieren die Förmchen kurz mit heißem Wasser abbrausen, damit sich das Eis herauslöst.

Grießbrei mit Erdbeeren

Zubereitungszeit: 15 Minuten

200 g Erdbeeren
¼ l Mandeldrink
¼ l Kokosmilch
80 g Dinkelgrieß
2 EL Kokosblütensirup

☐ Erdbeeren putzen. 150 g Erdbeeren mit dem Pürierstab zu einer feinen Sauce pürieren. Die restlichen Erdbeeren würfeln.

☐ Mandeldrink und Kokosmilch aufkochen. Den Dinkelgrieß einrühren und unter Rühren aufkochen lassen. So lange rühren, bis der Brei dick wird.

☐ Den Grießbrei mit der Erdbeersauce und den gewürfelten Erdbeeren anrichten.

REICH AN:

■ Vitamine: B_2, C

Kokos-Apfel-Mus

Vegan | High Laurin | Body | Brain

Zubereitungszeit: 25 Minuten

800 g Äpfel
2 EL Kokosöl
1 EL Kokosblütenzucker
150 ml Apfelsaft
2 EL Kokosraspel

☐ Äpfel schälen, Kerngehäuse entfernen und Äpfel in grobe Würfel schneiden.
☐ Kokosöl erhitzen. Apfelwürfel hinzugeben und etwa 3 Minuten unter mehr-
maligem Rühren farblos anschwitzen.
☐ Kokosblütenzucker hinzugeben. Unter Rühren leicht karamellisieren lassen.
Mit Apfelsaft ablöschen. Hitze reduzieren und die Äpfel weich kochen.
☐ Die weichen Äpfel entweder mit einem Schneebesen zu einem Kompott rühren
oder im Mixer fein pürieren. Anschließend die Kokosraspel unterrühren.

REICH AN:
■ Vitamine: C
■ Mineralstoffe: Kalium

Frozen Yogurt

Zubereitungszeit: 25 Minuten
Kühlzeit: 2 Stunden

100 g tiefgekühlte Beeren (z. B. Erdbeeren oder Himbeeren)
2 EL Honig
500 g Sojajoghurt
4 EL Kokosmus
4 EL Kokosraspel

☐ Alle Zutaten in einen Mixbehälter geben und miteinander mixen.
☐ Die Joghurt-Beeren-Mischung in eine Schüssel geben und für 2 Stunden ins Tiefkühlgerät stellen. Während dieser Zeit zweimal herausnehmen und mit dem Pürierstab aufmixen.

VEGANE VARIANTE: Statt des Honigs kann auch Kokosblütensirup zum Süßen verwendet werden.

REICH AN:
■ Vitamine: C

TIPP: Je nach Geschmack können auch nur Erdbeeren oder nur Himbeeren verwendet werden. Auch sehr lecker schmeckt eine fertige Mischung aus verschiedenen Beerensorten ohne Zusätze und ohne Zucker.

Avocadogel

Vegan | **Body**

Zubereitungszeit: 10 Minuten

4 Avocados
400 ml mineralstoffreiches Mineralwasser
200 ml Kokosmilch
1 EL Kokosöl
Salz

- Avocados halbieren, jeweils den Kern entfernen und das Fruchtfleisch aus den Schalen lösen.
- Avocados mit Wasser, Kokosmilch und Kokosöl in einem Mixer zu einem Gel pürieren.
- Nach Geschmack mit Salz würzen.

REICH AN:
- Vitamine: E, D, K
- Mineralstoffe: Kalium

TIPP: Das Gel ist gut für das Fettstoffwechseltraining geeignet. Dafür füllt man es am besten in die kleinen Trinkfläschchen eines Laufgürtels.

Hauptgerichte

Blumenkohl-Tofu-Pfanne

`High Protein` `Low Carb` `Body`

Zubereitungszeit: 40 Minuten

1 kg Blumenkohl
2 Schalotten
300 g Tofu
1 rote Paprikaschote
200 g Champignons
3 Stängel Petersilie
2 EL Kokosöl
2 TL Currypulver
4 EL Sojasauce
Salz
2 EL Kokosraspel
4 Eier

☐ Blumenkohl in Röschen, 1,5 × 1,5 cm, schneiden. Schalotten schälen und fein würfeln. Tofu in Würfel, 1 × 1 cm, schneiden. Paprikaschote entkernen und in Streifen schneiden, Pilze in Scheiben schneiden. Petersilie fein hacken.

☐ Kokosöl erhitzen. Schalotten im heißen Öl für etwa 2 Minuten anschwitzen. Blumenkohl, Tofu, Paprika und Pilze zugeben und für weitere 5 – 7 Minuten braten.

☐ Currypulver zugeben und 1 weitere Minute braten. Die Sojasauce zugeben. Eventuell mit etwas Salz abschmecken und die Kokosraspel unterrühren.

☐ Eier verquirlen und über das Gemüse geben. Mehrmals wenden, bis die Eier gestockt sind.

☐ Mit Petersilie bestreut servieren.

VEGANE VARIANTE: Die Eier müssen in diesem Rezept nicht ersetzt werden. Das Gericht schmeckt auch ohne Ei.

REICH AN:
- Vitamine: D, E, K, B_1, B_2, B_6, Biotin, Folsäure, Niacin, Pantothensäure, C
- Mineralstoffe: Calcium, Magnesium, Eisen, Zink

Tofu mit Brokkoli und Quinoa

Vegan | High Protein | Body

Zubereitungszeit: 45 Minuten

250 g Quinoa
625 ml Wasser
Salz
450 g Brokkoli
300 g Tofu
1 Schalotte
2 EL Kokosöl
4 EL Sojasauce
400 ml Kokosmilch
Pfeffer
Saft von einer ½ Limette

☐ Quinoa mit dem Wasser und etwas Salz aufkochen und bei mäßiger Hitze etwa 20 Minuten garen.
☐ Brokkoli in kleine Röschen teilen. Tofu in kleine Würfel, etwa 1 × 1 cm, schneiden. Schalotte schälen und sehr klein würfeln.
☐ Kokosöl in einer Pfanne erhitzen. Schalotten- und Tofuwürfel im heißen Öl für etwa 3 Minuten anbraten. Mit Sojasauce ablöschen und mit Kokosmilch auffüllen. Brokkoli hinzugeben und für etwa 5 – 7 Minuten gar köcheln lassen.
☐ Mit Salz, Pfeffer und dem Limettensaft abschmecken und mit der Quinoa zusammen anrichten.

REICH AN:
■ Vitamine: K, B_1, B_6, Biotin, Niacin, C
■ Mineralstoffe: Kalium, Calcium, Magnesium, Phosphor, Eisen, Zink, Kupfer, Mangan

Zucchininudeln mit Tomatensauce und Räuchertofu

Zubereitungszeit: 30 Minuten

1 kg Zucchini
400 g Kirschtomaten
1 Schalotte
10 g Ingwer
400 g Räuchertofu
3 EL Kokosöl
400 g geschälte und gehackte Tomaten
1 EL Kokosblütensirup
1 EL Kokosmehl
Salz
Pfeffer

- ☐ Zucchini mit einem Spiralschneider in lange dünne Streifen schneiden. Alternativ mit einem Sparschäler in dünne breite Streifen schneiden.
- ☐ Kirschtomaten halbieren. Schalotte schälen und in feine Würfel schneiden. Ingwer schälen und fein hacken. Räuchertofu grob zerbröseln.
- ☐ 2 EL Kokosöl erhitzen. Schalottenwürfel, Ingwer und Räuchertofu im heißen Öl für etwa 3 Minuten unter Wenden anbraten. Die geschälten und klein gehackten Tomaten hinzufügen und einmal aufkochen lassen.
- ☐ Kokosblütensirup und Kokosmehl untermengen und die Sauce mit Salz und Pfeffer abschmecken.
- ☐ Die Kirschtomaten unter die heiße Tomatensauce rühren und warm halten.
- ☐ In einer großen Pfanne das restliche Kokosöl erhitzen und die Zucchinistreifen darin unter Wenden etwa 3 Minuten bissfest garen. Mit Salz und Pfeffer abschmecken und mit der Tomatensauce zusammen anrichten.

REICH AN:
- Vitamine: A, E, K, B_1, B_2, B_6, Biotin, Folsäure, Niacin, Pantothensäure, C
- Mineralstoffe: Kalium, Calcium, Phosphor, Chlorid, Eisen

Gefüllte Paprika mit Bulgur

Vegan · Body · Brain

Zubereitungszeit: 20 Minuten
Backzeit: 45 Minuten

4 rote Paprikaschoten
Salz
⅛ l Kokosmilch
⅛ l Gemüsebrühe
125 g Bulgur
1 TL Kurkuma
Pfeffer
2 EL Sesam
2 EL Kokosraspel

- ☐ Paprika längs halbieren und jeweils den Deckel und das Kerngehäuse entfernen. Paprikahälften von innen leicht salzen.
- ☐ Kokosmilch, Gemüsebrühe und Bulgur zusammen aufkochen und anschließend 10 Minuten quellen lassen. Bulgur mit Salz und Pfeffer abschmecken.
- ☐ Backofen auf 200 °C vorheizen.
- ☐ Die Paprikahälften mit dem Bulgur füllen und in eine backofenfeste Form legen. In die Form etwas gesalzenes Wasser füllen, bis der Boden gerade so bedeckt ist.
- ☐ Die Paprikahälften für 45 Minuten im Backofen garen. 5 Minuten vor Ende der Garzeit den Sesam und die Kokosraspel auf den Paprika verteilen und mit dem Backofengrill überbacken.

REICH AN:
- ■ Vitamine: E, B_1, B_2, Folsäure, C
- ■ Mineralstoffe: Eisen, Zink, Kalium

TIPP: Dazu passt ein grüner Salat.

Reis mit fruchtiger Currysauce

Zubereitungszeit: 45 Minuten

300 g Vollkornreis
Wasser zum Reisgaren
800 g Ananas
1 Schalotte
½ rote Chilischote
1 EL Kokosöl
3 TL Currypulver
400 ml Gemüsebrühe
3 filetierte Mandarinen
3 EL Kokosmus
Salz
Pfeffer
3 EL Kokosraspel

☐ Vollkornreis mit der doppelten Menge Wasser für etwa 30 Minuten garen.
☐ Ananas schälen und in Würfel, etwa 1 × 1 cm, schneiden.
☐ Schalotte schälen und fein würfeln. Chilischote fein hacken.
☐ Kokosöl erhitzen. Schalotten- und Ananaswürfel und gehackte Chilischote im heißen Öl für etwa 5 Minuten anschwitzen.
☐ Currypulver dazugeben und unter mehrmaligem Rühren weitere 2 Minuten anschwitzen. Mit Brühe ablöschen und einmal aufkochen lassen.
☐ Filetierte Mandarinen zur Sauce geben.
☐ Etwa ein Drittel des gesamten Obstes aus der Sauce entnehmen und zusammen mit dem Kokosmus pürieren. Anschließend wieder in die Sauce rühren.
☐ Sauce mit Salz und Pfeffer abschmecken.
☐ Die Kokosraspel unter den gegarten Reis heben.
☐ Reis mit der Currysauce anrichten.

REICH AN:
■ Vitamine: B_1, B_6, Niacin, Pantothensäure, C
■ Mineralstoffe: Kalium, Magnesium, Phosphor, Chlorid, Eisen, Mangan

TIPP: Dazu passt ein bunter Blattsalat.

Safranreis mit Minzdip

Zubereitungszeit: 60 Minuten

Für den Safranreis:

250 g Vollkornreis
Wasser zum Reisgaren
Salz
200 g Karotten
1 Schalotte
3 Kardamomkapseln
1 EL Kokosöl
100 ml Kokosmilch
1 EL Kokosmus
½ TL Safranfäden
4 EL geschälte Pistazienkerne
4 EL Mandelstifte
2 EL Kokosraspel
60 g getrocknete Aprikosen
1 Granatapfel
60 g Rosinen
Pfeffer

Für den Dip:

4 Stängel Minze
400 g Sojajoghurt
Salz
Pfeffer

- ☐ **Reis** mit der doppelten Menge Wasser und etwas Salz aufkochen und etwa 30 Minuten (je nach Packungsangabe) bei mäßiger Hitze garen.
- ☐ Karotten schälen und grob raspeln. Schalotte schälen und in feine Würfel schneiden.
- ☐ Kardamomkapseln mit dem Stößel des Mörsers leicht anstoßen.
- ☐ Kokosöl erhitzen und Schalotten, Karotten und Kardamomkapseln für etwa 3 Minuten anschwitzen. Danach Kokosmilch, Kokosmus und Safranfäden zugeben und für weitere 3 Minuten köcheln lassen.
- ☐ Kardamomkapseln herausnehmen.

- ☐ Pistazien grob hacken und zusammen mit den Mandelstiften in einer Pfanne ohne Fett rösten.
- ☐ Kokosraspel getrennt von den Nüssen ebenfalls ohne Fett rösten.
- ☐ Aprikosen grob hacken. Granatapfelkerne aus der Frucht lösen.
- ☐ Gegarten Reis mit der Karotten-Kokosmilch-Mischung mischen.
- ☐ Rosinen, Aprikosen, 4 EL Granatapfelkerne, Mandeln, Pistazien und Kokosraspel dazugeben und den Safranreis mit Salz und Pfeffer abschmecken.
- ☐ Für den **Dip** die Minze fein hacken. Minze mit dem Sojajoghurt mischen und mit Salz und Pfeffer abschmecken. Mit dem Safranreis zusammen servieren.

REICH AN:
- ■ Vitamine: E, K, B_1, B_6, Niacin
- ■ Mineralstoffe: Kalium, Magnesium, Phosphor, Chlorid, Eisen, Zink, Kupfer, Mangan

Curryreis mit gebackenen Bananen

Zubereitungszeit: 45 Minuten

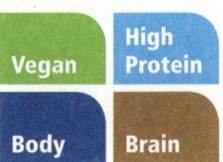

250 g Vollkornreis
Wasser zum Reisgaren
Salz
1 Schalotte
400 g Räuchertofu
3 EL Kokosöl
2 TL Currypulver
100 ml Ananassaft
100 ml Kokosmilch
Pfeffer
3 reife Bananen

☐ Reis mit der doppelten Menge Wasser und etwas Salz aufkochen und etwa 30 Minuten (je nach Packungsangabe) bei mäßiger Hitze garen.

☐ In der Zwischenzeit Schalotte schälen und in feine Würfel schneiden. Räuchertofu in Würfel, etwa 1 × 1 cm, schneiden.

☐ 2 EL Kokosöl erhitzen. Schalotten- und Räuchertofuwürfel im heißen Öl für etwa 4 Minuten braten. Currypulver zugeben und 1 weitere Minute braten. Mit Ananassaft und Kokosmilch ablöschen und etwa 3 Minuten köcheln lassen.

☐ Den gegarten Curryreis unter den Tofu mischen und mit Salz und Pfeffer abschmecken.

☐ Bananen schälen und jede Banane zunächst längs halbieren. Jede Hälfte noch einmal halbieren, sodass aus jeder Banane vier Teile entstehen.

☐ 1 EL Kokosöl erhitzen. Bananen im heißen Öl braten, bis sie etwas Farbe bekommen haben. Mit dem Curryreis zusammen anrichten.

REICH AN:

- Vitamine: E, K, B_1, B_6, Biotin, Folsäure, Niacin, Pantothensäure, C
- Mineralstoffe: Kalium, Calcium, Magnesium, Phosphor, Eisen, Zink, Kupfer, Mangan

Kürbispüree

Zubereitungszeit: 45 Minuten

600 g Hokkaido-Kürbis
1 Schalotte
2 EL Kokosöl
1 TL Currypulver
3 Stängel Thymian
300 ml Gemüsebrühe
2 EL Kokosmus
Salz
Pfeffer
1 TL Kokosblütensirup

☐ Kürbis in Würfel, etwa 1,5 × 1,5 cm, schneiden. Schalotte schälen und in feine Würfel schneiden.

☐ Kokosöl in einem Topf erhitzen und zunächst die Schalotte im heißen Öl anschwitzen. Nach etwa 1 Minute den Kürbis zugeben. Kürbis für etwa 5 Minuten unter mehrmaligem Umrühren farblos braten lassen.

☐ Currypulver und Thymianblättchen hinzugeben und weitere 2 Minuten braten lassen. Mit Gemüsebrühe ablöschen. Bei reduzierter Hitze den Kürbis für 15 Minuten kochen, bis er weich ist.

☐ Kokosmus zum Kürbis geben und zusammen fein pürieren.

☐ Das Kürbispüree mit Salz, Pfeffer und Kokosblütensirup abschmecken.

REICH AN:
■ Vitamine: K, Folsäure, C
■ Mineralstoffe: Kalium, Chlorid

TIPP: Dazu passt ein Feldsalat mit Walnusskernen.

Spinatquiche

Menge: für eine Quicheform 26 cm Ø
Zubereitungszeit: etwa 45 Minuten
Backzeit: 15 + 30 Minuten

Für den Teig:
250 g Weizenvollkornmehl
100 g Butter
50 g Kokosöl
60 ml kaltes Wasser
Fett für die Form
trockene Hülsenfrüchte zum Blindbacken

Für den Spinatbelag:
1 kg Blattspinat
2 Schalotten
1 Knoblauchzehe
2 EL Kokosöl
1 TL Kokosblütensirup
Salz
Pfeffer
200 ml Kokosmilch
1 Ei
1 EL Kokosmehl
geriebene Muskatnuss

- ☐ Für den **Teig** alle Zutaten zu einem glatten Teig verkneten und in Frischhalte-folie gewickelt für 30 Minuten in den Kühlschrank legen.
- ☐ Backofen auf 200 °C vorheizen. Teig ausrollen und eine gefettete Quicheform damit auslegen.
- ☐ Den Teig mehrmals mit der Gabel einstechen, mit Backpapier auslegen und mit trockenen Hülsenfrüchten belegen.
- ☐ Den Teig im heißen Backofen für 15 Minuten blindbacken.
- ☐ Für den **Belag** Spinat verlesen. Schalotten und Knoblauch schälen und fein würfeln.

- Kokosöl erhitzen. Schalotten- und Knoblauchwürfel im heißen Öl für etwa 2 Minuten anschwitzen. Nach und nach den Spinat dazugeben und unter mehrmaligem Rühren zusammenfallen lassen.
- Spinat mit Kokosblütensirup, Salz und Pfeffer abschmecken.
- Kokosmilch mit Ei und Kokosmehl verquirlen und mit Salz und geriebenem Muskat abschmecken.
- Hülsenfrüchte und Backpapier vom Teig entfernen.
- Spinat auf dem Teigboden verteilen. Dabei aufpassen, dass nicht zu viel Flüssigkeit dabei ist.
- Die Kokos-Ei-Mischung gleichmäßig auf dem Spinat verteilen und die Quiche im heißen Backofen bei 200 °C für 30 Minuten backen.

VEGANE VARIANTE:

- Das Ei im Belag kann durch 1 EL Sojamehl ersetzt werden. Dafür das Sojamehl mit 2 EL kaltem Wasser verrühren.
- Die Butter im Teig lässt sich durch Pflanzenmargarine ersetzen.

REICH AN:

- Vitamine: A, E, B_1, B_2, B_6, Biotin, Folsäure, Niacin, Pantothensäure
- Mineralstoffe: Calcium, Magnesium, Phosphor, Chlorid, Eisen, Zink, Kupfer, Mangan

Blumenkohlquiche

Menge: für eine Quicheform 26 cm Ø
Zubereitungszeit: 45 Minuten
Backzeit: 15 + 30 Minuten

Für den Teig:

250 g Weizenvollkornmehl
100 g Butter
50 g Kokosöl
60 ml kaltes Wasser
Fett für die Form
trockene Hülsenfrüchte zum Blindbacken

Für den Blumenkohlbelag:

1 kg Blumenkohl
1 Schalotte
150 g Mango
2 EL Kokosöl
2 TL Currypulver
100 ml Gemüsebrühe
50 g Kokosraspel
Salz
Pfeffer
200 ml Kokosmilch
1 Ei
1 EL Kokosmehl

☐ Für den **Teig** Mehl, Butter, Kokosöl und Wasser zu einem glatten Teig verkneten. Teig in Frischhaltefolie wickeln und für 30 Minuten in den Kühlschrank legen.

☐ Backofen auf 200 °C vorheizen. Teig ausrollen und eine gefettete Quicheform damit auslegen. Den Teig mehrmals mit der Gabel einstechen, mit Backpapier abdecken und mit trockenen Hülsenfrüchten belegen. Den Teig im heißen Backofen für 15 Minuten blindbacken.

☐ Für den **Belag** Blumenkohl in kleine Röschen, etwa 1,5 × 1,5 cm, teilen. Schalotte schälen und fein würfeln. Mango schälen, Fruchtfleisch vom Stein lösen und in Würfel von etwa 0,5 × 0,5 cm schneiden.

- ☐ Kokosöl erhitzen. Blumenkohl- und Schalottenwürfel im heißen Öl für etwa 5 Minuten anbraten. Currypulver zugeben und 1 Minute mit anbraten. Mit Brühe ablöschen. Blumenkohl köcheln lassen, bis die Flüssigkeit verkocht ist.
- ☐ Mangowürfel und Kokosraspel unter den Blumenkohl heben und mit Salz und Pfeffer abschmecken.
- ☐ Kokosmilch mit Ei und Kokosmehl verquirlen und mit Salz abschmecken.
- ☐ Hülsenfrüchte und Backpapier vom Teig entfernen.
- ☐ Blumenkohl auf dem Teigboden verteilen. Die Kokos-Ei-Mischung gleichmäßig auf dem Blumenkohl verteilen und die Quiche im heißen Backofen bei 200 °C für 30 Minuten backen.

VEGANE VARIANTE:

- ☐ Das Ei im Belag kann durch 1 EL Sojamehl ersetzt werden. Dafür das Sojamehl mit 2 EL kaltem Wasser verrühren.
- ☐ Die Butter im Teig lässt sich durch Pflanzenmargarine ersetzen.

REICH AN:

- ■ Vitamine: A, B_6, Biotin, Niacin, Pantothensäure, C
- ■ Mineralstoffe: Magnesium, Eisen, Zink, Mangan

Kürbisquiche

Menge für eine Quicheform 26 cm Ø
Zubereitungszeit: 45 Minuten
Backzeit: 15 + 30 Minuten

Für den Teig:

250 g Weizenvollkornmehl
100 g Butter
50 g Kokosöl
60 ml kaltes Wasser
Fett für die Form
trockene Hülsenfrüchte zum Blindbacken

Für den Kürbisbelag:

½ TL Kreuzkümmelsamen
800 g Kürbis
2 Schalotten
2 EL Kokosöl
150 ml Gemüsebrühe
1 EL Kokosblütensirup
Salz
Pfeffer
200 ml Kokosmilch
1 Ei
1 EL Kokosmehl
Salz

- Für den **Teig** alle Zutaten zu einem glatten Teig verkneten und in Frischhaltefolie gewickelt für 30 Minuten in den Kühlschrank legen.
- Backofen auf 200 °C vorheizen. Teig ausrollen und eine gefettete Quicheform damit auslegen. Den Teig mehrmals mit der Gabel einstechen, mit Backpapier abdecken und mit trockenen Hülsenfrüchten belegen. Den Teig im heißen Backofen für 15 Minuten blindbacken.
- Für den **Belag** den Kreuzkümmel in einer Pfanne ohne Fett rösten, bis es zu duften beginnt. Anschließend im Mörser fein mahlen.
- Kürbis in kleine Würfel, etwa 1 × 1 cm, schneiden. Schalotten schälen und fein würfeln.

☐ Das Kokosöl erhitzen. Kürbis und Schalotten im heißen Öl etwa 5 Minuten anbraten. Kreuzkümmel zum Kürbis geben und unter Rühren 1 weitere Minute braten. Anschließend mit Brühe ablöschen.

☐ Kürbis in der Brühe weich kochen. Dabei die Brühe verkochen lassen. Eventuell noch etwas Brühe nachgießen. Kürbis mit Kokosblütensirup, Salz und Pfeffer abschmecken.

☐ Kokosmilch mit Ei und Kokosmehl verquirlen und mit Salz abschmecken.

☐ Hülsenfrüchte und Backpapier vom Teig entfernen. Kürbis auf dem Teigboden verteilen. Die Kokos-Ei-Mischung gleichmäßig auf dem Kürbis verteilen und die Quiche im heißen Backofen bei 200 °C für 30 Minuten backen.

VEGANE VARIANTE:

☐ Das Ei im Belag kann durch 1 EL Sojamehl ersetzt werden. Dafür das Sojamehl mit 2 EL kaltem Wasser verrühren.

☐ Die Butter im Teig lässt sich durch Pflanzenmargarine ersetzen.

REICH AN:

■ Vitamine: A, E, Folsäure, Niacin
■ Mineralstoffe: Kalium, Magnesium, Phosphor, Eisen, Zink, Mangan, Kupfer

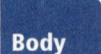

High Protein **High Laurin** **Body**

Kürbislasagne

Zubereitungszeit: 60 Minuten
Backzeit: 30 Minuten

Für die Kürbisbolognese:
800 g Hokkaido-Kürbis
1 Schalotte
60 g getrocknete Tomaten
2 EL Kokosöl
300 g passierte Tomaten
Salz
Pfeffer
1 TL Kokosblütensirup
½ Bund Korianderblätter

Für die Bechamelsauce:
2 EL Kokosöl
2 ½ EL Kokosmehl
2 EL Weizenvollkornmehl
½ l Milch

400 g Auberginen (etwa 1 ½ Stück)

- ☐ Für die **Kürbisbolognese** den Kürbis würfeln, etwa 1 × 1 cm. Schalotte schälen und fein würfeln. Getrocknete Tomaten grob hacken.
- ☐ Kokosöl erhitzen und zunächst die Schalottenwürfel anschwitzten. Nach etwa 1 Minute den Kürbis und die getrockneten Tomaten zugeben. Weitere 5 Minuten unter mehrmaligem Rühren braten. Passierte Tomaten hinzugeben. Mit Salz, Pfeffer und Kokosblütensirup abschmecken.
- ☐ Korianderblätter hacken und unter die Bolognese rühren.
- ☐ Für die **Bechamelsauce** das Kokosöl erhitzen. Beide Mehlsorten unter Rühren hinzugeben und anschwitzen. Eventuell Hitze etwas reduzieren, es brennt sonst sehr schnell an. Unter weiterem Rühren nach und nach die Milch hinzugeben. Die Sauce einmal aufkochen lassen.

□ Backofen auf 180 °C vorheizen.

□ Auberginen längs in etwa 0,5 cm dicke Scheiben schneiden.

□ In einer Auflaufform zunächst eine Schicht Kürbisbolognese verteilen, eine Schicht Auberginenscheiben darauflegen und darauf eine Schicht Sauce verteilen. Weiter so verfahren, bis alle Zutaten aufgebraucht sind. Die oberste Schicht sollte Kürbisbolognese sein.

□ Die Lasagne im vorgeheizten Backofen für 30 Minuten backen.

VEGANE VARIANTE: Die Milch kann durch einen Sojadrink ersetzt werden.

REICH AN:

■ Vitamine: E, K, B_1, B_2, B_6, Folsäure, Niacin, C

■ Mineralstoffe: Kalium, Phosphor, Chlorid, Kupfer

Erbsenpüree mit Karotten in Zitronengrassauce

Zubereitungszeit: 25 Minuten

Vegan | **High Protein** | **High Laurin** | **Body** | **Brain**

600 g Karotten
1 ½ Schalotten
1 Stängel Zitronengras
3 EL Kokosöl
300 ml Kokosmilch
Salz
Pfeffer
1 TL Kreuzkümmelsamen
600 g tiefgekühlte grüne Erbsen
200 ml Gemüsebrühe
4 EL Kokosmus

☐ Karotten schälen, längs halbieren und in Scheiben schneiden. Die halbe Schalotte schälen und in feine Würfel schneiden. Zitronengras dritteln und mit dem Stößel des Mörsers anstoßen.

☐ 1 EL Kokosöl in einem Topf erhitzen. Schalotten und Zitronengras im heißen Öl unter Wenden für etwa 1 Minute anschwitzen, die Karotten zugeben und für etwa 5 Minuten anbraten. Mit Kokosmilch ablöschen und die Karotten in der Kokosmilch für etwa 8 – 10 Minuten gar köcheln lassen. Zitronengras entfernen und mit Salz und Pfeffer abschmecken.

☐ Für das Erbsenpüree Kreuzkümmelsamen in einer Pfanne ohne Fett rösten, bis es zu duften beginnt. Anschließend im Mörser fein zerstoßen.

☐ Die restliche Schalotte schälen und fein würfeln. Restliches Kokosöl erhitzen und die Schalotte mit den Erbsen im heißen Öl anschwitzen. Nach etwa 5 Minuten mit der Gemüsebrühe ablöschen. Das Kokosmus zugeben. Erbsen einmal aufkochen lassen.

☐ Erbsen zu Püree mixen und mit Salz und Pfeffer abschmecken.

☐ Erbsenpüree mit den Karotten in der Zitronengrassauce anrichten.

REICH AN:

■ Vitamine: K, B_1, B_2, B_6, Biotin, Folsäure, Niacin, Pantothensäure, C
■ Mineralstoffe: Kalium, Magnesium, Phosphor, Chlorid, Eisen, Zink, Kupfer, Mangan, Jod

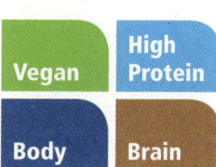

Spaghetti mit Korianderpesto

Zubereitungszeit: 25 Minuten

Für das Korianderpesto:
60 g (etwa 1 kleines Bund) Korianderblätter
3 EL Kokosmus
120 ml Rapsöl
Saft von 1 Limette
4 EL ganze Mandeln
Salz

400 g Vollkornspaghetti (Hartweizen)

☐ Korianderblätter zusammen mit den Stängeln, Kokosmus, Rapsöl, Limettensaft und Mandeln im Mixer fein pürieren. Das Pesto mit Salz abschmecken.
☐ Spaghetti nach Packungsangabe in reichlich Salzwasser etwa 10 Minuten garen.
☐ Nudeln über einem Sieb abgießen und noch heiß mit dem Pesto mischen.

REICH AN:
■ Vitamine: E, B_1, B_6, Folsäure, Niacin
■ Mineralstoffe: Kalium, Magnesium, Phosphor, Eisen, Zink, Kupfer, Mangan

Kartoffelstampf mit Pak Choi und Petersilienpesto

Zubereitungszeit: 50 Minuten

Für den Kartoffelstampf:
800 g mehligkochende Kartoffeln
Salz
100 ml Kartoffelkochwasser
80 ml Kokosmilch
2 EL Kokosmus
3 EL Kokosraspel
Pfeffer

Für das Petersilienpesto:
20 g Petersilienblätter
2 ½ EL Cashewnüsse
2 EL Kokosmus
½ EL Cashewmus
100 ml Rapsöl
1 EL Zitronensaft
Salz

Für den gedünsteten Pak Choi:
500 g Pak Choi
1 EL Kokosöl
100 ml Gemüsebrühe
Salz

- Für den **Kartoffelstampf** die Kartoffeln schälen, vierteln und in Salzwasser gar kochen. Am Ende der Garzeit 100 ml Kochwasser aufheben.
- Kokosmilch mit Kokosmus aufkochen.
- Gegarte Kartoffeln stampfen und dabei die heiße Kokosmilch zufügen. Kartoffelstampf mit Salz und Pfeffer abschmecken, 2 EL Kokosraspel unterrühren und warm halten.
- Restliche Kokosraspel in einer Pfanne ohne Fett rösten.
- Für das **Pesto** alle Zutaten fein pürieren.

- **Pak Choi** vierteln. Kokosöl erhitzen. Pak Choi im heißen Öl für etwa 3 Minuten braten. Gemüsebrühe zugeben und mit geschlossenem Deckel für etwa 5 Minuten garen. Deckel abnehmen und die Brühe verkochen lassen. Mit Salz abschmecken.
- Kartoffelstampf mit Pak Choi und Pesto anrichten. Mit gerösteten Kokosraspeln bestreut servieren.

REICH AN:

- Vitamine: E, K, B_1, B_6, Folsäure, Niacin, Pantothensäure, C
- Mineralstoffe: Kalium, Magnesium, Phosphor, Chlorid, Eisen, Zink, Mangan, Fluorid

TIPP: Das Pesto hält sich mehrere Wochen im Kühlschrank. Dafür das Petersilienpesto in ein Schraubglas füllen und mit Öl bedecken.

Kartoffel-Karotten-Stampf mit Spinat

Vegan **Body** **Brain**

Zubereitungszeit: 60 Minuten

2 Schalotten
700 g Kartoffeln
450 g Karotten
4 EL Kokosöl
200 ml Kokosmilch
200 ml Gemüsebrühe
1 EL Kokosmus
Salz
Pfeffer
1 Knoblauchzehe
200 g Blattspinat
50 g Haselnusskerne
geriebene Muskatnuss

- Schalotten schälen und fein würfeln. Kartoffeln und Karotten ebenfalls schälen und in gleich große Würfel von etwa 2 × 2 cm schneiden.
- In einem Topf 2 EL Kokosöl erhitzen. Die Hälfte der Schalotten mit den Kartoffeln und Karotten im heißen Öl farblos anschwitzen. Nach etwa 5 Minuten Kokosmilch und Gemüsebrühe zugeben. Karotten und Kartoffeln für etwa 15 Minuten leicht köcheln lassen, bis das Gemüse weich ist.
- Kokosmus unterrühren und anschließend das Gemüse grob stampfen. Mit Salz und Pfeffer abschmecken und warm stellen.
- Knoblauch schälen und hacken. Spinat waschen und trocken schleudern. Haselnusskerne grob hacken und in einer Pfanne ohne Fett rösten.
- Restliches Kokosöl in der Pfanne erhitzen, restliche Schalotten und Knoblauch darin unter Rühren anschwitzen, Spinat zugeben und kurz zusammenfallen lassen. Mit Salz, Pfeffer und Muskat abschmecken.
- Spinat mit dem Stampf und den gerösteten Nüssen zusammen anrichten.

REICH AN:
- Vitamine: E, K, B$_1$, B$_6$, Folsäure, Niacin, Pantothensäure
- Mineralstoffe: Kalium, Magnesium, Eisen, Kupfer

High Laurin **High Carb** **Brain**

Süßkartoffelgratin mit Quinoa-Kokos-Kruste

Zubereitungszeit: 45 Minuten
Backzeit: 45 Minuten

800 g Süßkartoffeln
½ Stängel Zitronengras
200 ml Kokosmilch
50 ml Milch
Salz
Pfeffer
100 g Quinoa
etwa ¼ l Wasser
4 EL Kokosraspel

☐ Den Backofen auf 200 °C vorheizen.

☐ Süßkartoffeln schälen, in Scheiben schneiden und in eine Auflaufform legen.

☐ Zitronengras halbieren und mit dem Stößel des Mörsers anstoßen.

☐ Kokosmilch, Milch und Zitronengras zusammen aufkochen. Für etwa 3 Minuten köcheln lassen und mit Salz und Pfeffer abschmecken.

☐ Zitronengras aus der Milch entfernen und die Milch anschließend über die Kartoffeln gießen. Die Form mit Alufolie abdecken und im heißen Backofen für etwa 25 Minuten backen.

☐ In der Zwischenzeit Quinoa mit dem Wasser und etwas Salz aufkochen und bei mäßiger Hitze etwa 20 Minuten garen, bis das Wasser aufgesogen ist. Anschließend mit den Kokosraspeln mischen.

☐ Quinoa-Kokos-Kruste 5 Minuten vor Ende der Garzeit auf den Süßkartoffeln verteilen. Das Gratin ohne Alufolie die letzten 5 Minuten mit dem Backofen-grill überbacken.

VEGANE VARIANTE: Die Milch kann durch einen Sojadrink ersetzt werden.

REICH AN:
■ Vitamine: E, B_1, B_6, Biotin, Folsäure, Niacin, Pantothensäure, C
■ Mineralstoffe: Kalium, Magnesium, Phosphor, Chlorid, Kupfer, Mangan

TIPP: Dazu passt ein grüner Salat.

Sellerieschnitzel mit Quittenchutney

Zubereitungszeit: 50 Minuten

Für das Quittenchutney:
2 Quitten
1 Schalotte
2 Stängel Thymian
1 EL Kokosöl
100 ml Wasser
1 EL Kokosblütensirup
Salz

Für die Sellerieschnitzel:
700 g Knollensellerie
2 Eier
5 EL Kokosraspel
5 EL Semmelbrösel
2 – 3 EL Weizenvollkornmehl
Kokosöl zum Braten

□ Für das **Chutney** die Quitten schälen, die Kerngehäuse entfernen und die Früchte in kleine Würfel, etwa 0,5 × 0,5 cm, schneiden. Schalotte schälen und ebenfalls in feine Würfel schneiden. Thymianblätter von den Stängeln zupfen und sehr fein hacken.

□ Kokosöl erhitzen. Quittenwürfel und Schalotten im heißen Öl etwa 3 Minuten anschwitzen. Das Wasser zugeben.

□ Das Chutney mit geschlossenem Deckel etwa 5 Minuten köcheln lassen. Danach den Deckel abnehmen und so lange weiterköcheln, bis das Wasser verkocht ist. Wenn die Quittenwürfel noch nicht weich sind, noch etwas Wasser zugeben und nochmals verkochen lassen.

□ Thymian zum Chutney geben, mit Kokosblütensirup und Salz abschmecken.

□ Für die **Sellerieschnitzel** den Sellerie schälen und in etwa 1 cm dicke Scheiben schneiden.

□ Eier miteinander verquirlen. Kokosraspel und Semmelbrösel mischen.

□ Selleriescheiben zunächst im Mehl wenden, anschließend im Ei und zum Schluss in der Kokos-Semmelbrösel-Mischung.

☐ Kokosöl in einer Pfanne erhitzen. Selleriescheiben im heißen Öl backen und anschließend auf einem Küchenpapier abtropfen lassen.

☐ Warme Selleriescheiben mit dem Chutney zusammen anrichten.

VEGANE VARIANTE: Die Eier können durch Pfeilwurzstärke ersetzt werden. Dafür pro ersetztem Ei 3 EL Pfeilwurzstärke mit 2 – 3 EL Wasser verrühren.

REICH AN:
- Vitamine: B_6
- Mineralstoffe: Kalium, Kupfer

TIPP: Um eine besonders knusprige Panade zu bekommen, können die Semmelbrösel durch Panko-Paniermehl ersetzten werden. Panko stammt aus der japanischen Küche und ist in gut sortierten Supermärkten oder im Asiamarkt erhältlich.

Gefüllte Aubergine mit Knusperkruste

Vegan · **Low Carb** · **Body**

Zubereitungszeit: 60 Minuten
Backzeit: 30 + 25 Minuten

2 Auberginen (jeweils etwa 250 g)
Salz
450 g Karotten
150 g Champignons
2 Schalotten
2 EL Kokosöl
200 ml Kokosmilch
1 EL Kokosmehl
Pfeffer
4 Stängel Korianderblätter
3 EL Kokosraspel
3 EL Semmelbrösel
½ TL abgeriebene Zitronenschale

☐ Backofen auf 180 °C vorheizen.

☐ Auberginen längs halbieren, mit einem Löffel das Fruchtfleisch herauslösen, dabei einen kleinen Rand stehen lassen. Auberginenhälften leicht salzen, in eine Auflaufform setzen und für 30 Minuten im heißen Backofen garen.

☐ Die Karotten schälen und in feine Scheiben schneiden. Schalotten schälen und in feine Würfel schneiden. Champignons in Scheiben schneiden. Auberginenfruchtfleisch fein hacken.

☐ Kokosöl erhitzen. Karotten, Schalotten, Champignons und Auberginen darin anbraten. Kokosmilch zugeben und 5 – 7 Minuten köcheln lassen. Anschließend Kokosmehl unterrühren und mit Salz und Pfeffer würzen.

☐ Für die Kruste Korianderblätter fein hacken und mit Kokosraspeln, Semmelbröseln und abgeriebener Zitronenschale mischen.

☐ Auberginenhälften mit dem Gemüse füllen. Krustenmischung gleichmäßig darauf verteilen. Im Backofen für 25 Minuten backen.

REICH AN:

- Vitamine: B_1, B_2, Niacin, Pantothensäure
- Mineralstoffe: Phosphor, Eisen, Jod

Gemüseauflauf mit Kokoskruste

Vegan | High Laurin | Brain

Zubereitungszeit: 45 Minuten
Backzeit: 45 Minuten

800 g Kartoffeln
½ Schalotte
400 ml Kokosmilch
Salz
Pfeffer
400 g Spitzkohl
10 EL (50 g) Kokosraspel
50 g Semmelbrösel

☐ Backofen auf 200 °C vorheizen.
☐ Kartoffeln schälen und in Würfel von etwa 2 × 2 cm schneiden. Schalotte schälen und in feine Ringe schneiden. Kartoffelwürfel mit den Schalottenringen in eine backofenfeste Form geben.
☐ Kokosmilch aufkochen und mit Salz und Pfeffer abschmecken. Kokosmilch über die Kartoffeln geben, im heißen Backofen für 45 Minuten garen.
☐ In der Zwischenzeit den Spitzkohl in Streifen schneiden. Nach 45 Minuten den Spitzkohl unter die Kartoffeln mischen und für weitere 15 Minuten garen.
☐ Kokosraspel und Semmelbrösel mischen, auf dem Gemüse verteilen und 5 Minuten vor Ende der Garzeit mit dem Backofengrill rösten.

REICH AN:
- Vitamine: B_1, B_2, B_6, Folsäure, Niacin, C
- Mineralstoffe: Kalium, Magnesium, Phosphor, Chlorid, Eisen, Kupfer, Mangan

TIPP: Dazu passt das Quittenchutney von Seite 136.

Kichererbsenküchlein mit Mango-Papaya-Chutney

Zubereitungszeit: 40 Minuten

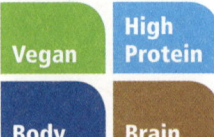

Vegan · **High Protein** · **Body** · **Brain**

Für das Chutney:

½ Mango
½ Papaya
½ Schalotte
¼ rote Chilischote
1 EL Kokosöl
50 ml Kokosmilch
Salz

Für die Kichererbsenküchlein:

500 g gegarte Kichererbsen
200 ml Gemüsebrühe
1 EL Zitronensaft
½ Schalotte
3 Stängel Petersilie
8 EL Sojamehl
8 EL Kokosmehl
Salz
Pfeffer
Kokosöl zum Braten

☐ Für das **Chutney** die Mango schälen und das Fruchtfleisch vom Stein entfernen. Papaya ebenfalls schälen, halbieren und die Kerne entfernen. Beide Obstarten in kleine Würfel von etwa 0,5 × 0,5 cm schneiden.

☐ Schalotte schälen und sehr fein würfeln. Chilischote sehr fein hacken.

☐ Das Kokosöl erhitzen. Mango, Papaya, Schalotte und Chili im heißen Öl unter Rühren anschwitzen. Nach etwa 5 Minuten die Kokosmilch hinzufügen und mit Salz abschmecken.

- Für die **Kichererbsenküchlein** Kichererbsen, Gemüsebrühe und Zitronensaft zu einem Mus mixen.
- Schalotte schälen und sehr fein würfeln. Petersilie fein hacken. Schalotte, Sojamehl, Kokosmehl und Petersilie zum Kichererbsenmus geben und zu einem Teig vermengen. Mit Salz und Pfeffer abschmecken.
- Kichererbsenteig zu Küchlein formen. Kokosöl erhitzen und die Küchlein im heißen Öl braten.
- Kichererbsenküchlein mit dem Chutney zusammen anrichten.

REICH AN:

- Vitamine: E, K, B_1, B_6, Biotin, Folsäure, Niacin, Pantothensäure, C
- Mineralstoffe: Kalium, Calcium, Phosphor, Chlorid, Eisen, Zink, Kupfer, Mangan

TIPP: Für das Garen der Kichererbsen müssen Sie zusätzlich mehrere Stunden Einweichzeit und etwa 1 Stunde Garzeit einplanen. Lässt sich aber gut vorbereiten!

Gemüsecurry mit Kichererbsen

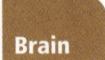

Zubereitungszeit: 60 Minuten

200 g Kartoffeln
200 g Karotten
200 g Brokkoli
200 g Blumenkohl
1 Schalotte
½ TL Kreuzkümmelsamen
½ TL Koriandersamen
2 EL Kokosöl
2 EL Tomatenmark
400 ml Kokosmilch
200 ml Gemüsebrühe
200 g gegarte Kichererbsen
4 EL ungesalzene Erdnüsse
Salz
Pfeffer

☐ Kartoffeln schälen und in Würfel von etwa 1 × 1 cm schneiden. Karotten schälen und in feine Scheiben schneiden. Brokkoli und Blumenkohl jeweils in kleine Röschen schneiden. Schalotte schälen und fein würfeln.

☐ Kreuzkümmel- und Koriandersamen in einer Pfanne ohne Fett rösten, bis es zu duften beginnt. Anschließend im Mörser fein mahlen.

☐ Kokosöl erhitzen, Schalotte, Kartoffeln und Karotten im heißen Öl für etwa 3 Minuten anschwitzen. Gemahlenen Kreuzkümmel und Koriander zugeben, kurz mitrösten, Tomatenmark zugeben und etwa 1 Minute mitrösten.

☐ Mit Kokosmilch und Gemüsebrühe ablöschen und das Ganze für etwa 10 Minuten köcheln lassen. Nach 10 Minuten Brokkoli und Blumenkohl zugeben und weitere 10 Minuten köcheln lassen, bis das Gemüse gegart ist.

☐ Kurz vor Ende der Garzeit die gegarten Kichererbsen zugeben und im Gemüsecurry noch einmal erhitzen. Erdnüsse grob hacken.

☐ Das Curry mit Salz und Pfeffer abschmecken und mit Erdnüssen bestreuen.

REICH AN:

■ Vitamine: E, K, B$_1$, B$_6$, Biotin, Folsäure, Niacin, Pantothensäure, C
■ Mineralstoffe: Kalium, Magnesium, Chlorid, Eisen, Jod

Linsenküchlein mit Roter Bete

Zubereitungszeit: 50 Minuten

Vegan | **High Protein** | **Low Fat**
High Carb | **Body** | **Brain**

250 g rote Linsen
600 ml Wasser
40 g Frühlingszwiebeln
4 Stängel Korianderblätter
¼ rote Chilischote
60 g Semmelbrösel
2 EL Kokosmehl
50 ml Kokoswasser
Salz
Pfeffer
600 g gegarte Rote Beten
Kokosöl zum Braten

☐ Linsen mit dem Wasser aufsetzen und 15 – 20 Minuten garen (Packungsangabe beachten).

☐ Frühlingszwiebeln in feine Ringe schneiden. Korianderblätter und Chili jeweils
fein hacken.

☐ Die abgetropften Linsen mit dem Pürierstab pürieren. Semmelbrösel, Kokosmehl, Koriander, Chili und Kokoswasser mit den Linsen zu einem Teig vermengen. Frühlingszwiebeln dazugeben und mit Salz und Pfeffer abschmecken.

☐ Die geschälten Roten Beten in etwa 1 × 1 cm große Würfel schneiden.

☐ Linsenmasse zu kleinen Küchlein formen. Kokosöl erhitzen und die Küchlein
im heißen Öl braten.

☐ Rote-Bete-Würfel noch einmal mit etwas Wasser erhitzen. Mit Salz und Pfeffer
abschmecken und mit den Küchlein zusammen anrichten.

REICH AN:

■ Vitamine: K, B_1, B_2, B_6, Folsäure, Niacin, Pantothensäure, C
■ Mineralstoffe: Kalium, Calcium, Magnesium, Phosphor, Chlorid, Eisen,
Zink, Kupfer, Mangan

Pfannkuchen mit Linsenfüllung

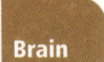

Zubereitungszeit: 50 Minuten

Für die Pfannkuchen:

150 g Weizenvollkornmehl
1 Ei
¼ l kaltes Wasser
3 EL flüssiges Kokosöl (eventuell erwärmt)
Kokosöl zum Backen

Für die Füllung:

150 g rote Linsen
400 ml Wasser
1 rote Paprikaschote
5 EL Kokoswasser
1 EL Kokosmus
Salz
Pfeffer
50 g Rucola

Für den Dip:

2 Stängel Petersilie
150 g Apfel
300 g Quark
2 EL Zitronensaft
Salz
Pfeffer

- ☐ Für die **Pfannkuchen** Weizenvollkornmehl, Ei, Wasser und Kokosöl mit dem Pürierstab zu einem Teig mixen. Anschließend für 45 Minuten ruhen lassen.
- ☐ Für die **Füllung** die Linsen mit dem Wasser aufsetzen und 15 – 20 Minuten garen (Packungsangabe beachten).
- ☐ Paprika entkernen und in kleine Würfel schneiden.
- ☐ Linsen abtropfen lassen und mit Kokoswasser und Kokosmus zu einer Creme mixen und mit Salz und Pfeffer abschmecken.
- ☐ Aus dem Pfannkuchenteig acht kleine Pfannkuchen backen.

- ☐ Die Pfannkuchen jeweils mit der Linsencreme bestreichen. Paprikawürfel und den Rucola auf der Creme verteilen. Anschließend die Pfannkuchen aufrollen.
- ☐ Für den **Dip** die Petersilienblätter hacken. Den Apfel schälen, vom Kerngehäuse befreien und den Apfel reiben.
- ☐ Quark mit Apfel, Petersilie und Zitronensaft mischen und mit Salz und Pfeffer abschmecken.
- ☐ Den Dip mit je zwei Pfannkuchen servieren.

VEGANE VARIANTE: Das Ei kann durch 1 TL Sojamehl ersetzt werden. Statt des Quarks ist Seidentofu eine gute pflanzliche Alternative.

REICH AN:
- ■ Vitamine: E, K, B_1, B_2, B_6, Biotin, Folsäure, Niacin, Pantothensäure, C
- ■ Mineralstoffe: Kalium, Calcium, Magnesium, Phosphor, Chlorid, Eisen, Zink, Kupfer, Mangan

TIPP: Dazu passt ein grüner Salat der Saison.

Tofu-Burger

Zubereitungszeit: 45 Minuten
Ruhezeit: 80 Minuten

Für die Brötchen:

1 Päckchen Trockenhefe
270 g Weizenvollkornmehl
½ TL Roh-Rohrzucker
160 ml Wasser
2 ½ EL Kokosblütenzucker
1 Prise Salz
2 EL flüssiges Kokosöl (eventuell erwärmt)
1 TL Weinsteinbackpulver
Mehl für die Arbeitsfläche
Öl für die Form

Für den Salatbelag:

120 g Karotten
150 g Spitzkohl
½ rote Chilischote
2 EL Kokosmilch
½ TL Kokosblütensirup
2 EL Sesamöl
1 EL Reisessig
Salz

Für die Creme:

1 Avocado
2 EL Sojajoghurt
Salz, Pfeffer
1 EL Limettensaft
4 Stängel Korianderblätter

Für den Tofu:

4 EL Kokosraspel
300 g Tofu
1 EL Kokosöl

- ☐ Für die **Brötchen** aus der Hefe, 20 g Weizenvollkornmehl, Roh-Rohrzucker und 50 ml Wasser einen Vorteig herstellen und für 20 Minuten an einem warmen Ort gehen lassen.
- ☐ Restliches Weizenvollkornmehl, Kokosblütenzucker, Salz, Kokosöl und Backpulver in eine Rührschüssel geben. Vorteig und das restliche Wasser zugeben und mit den Knethacken zu einem glatten Teig verarbeiten. Den Teig zu einer Kugel formen und an einem warmen Ort für 30 Minuten gehen lassen.
- ☐ Den Teig nochmals auf einer bemehlten Arbeitsfläche durchkneten und zu vier Kugeln formen. Die Kugeln in eine leicht geölte Form setzen und weitere 30 Minuten gehen lassen.
- ☐ Zwei Dämpfkörbe mit Backpapier auslegen und das Papier mehrmals mit der Gabel einstechen (alternativ ein Küchensieb verwenden, dann sind mehrere Durchgänge nötig). Wasser in einem Topf, passend zur Größe der Dämpfkörbe, aufkochen. Je zwei Kugeln Teig in die Dämpfkörbe setzten. Die Körbe übereinander stapeln und auf den Topf setzten. Die Brötchen über dem heißen Wasserdampf 10 – 15 Minuten dämpfen.
- ☐ Für den **Salat** die Karotten schälen und grob raspeln. Den Spitzkohl in feine Streifen schneiden. Chilischote sehr fein hacken. Kokosmilch und Kokosblütensirup mit dem Sesamöl und Reisessig verrühren. Chilischote zugeben und mit Salz abschmecken. Das Dressing mit den Karotten und dem Spitzkohl vermengen.
- ☐ Für die **Creme** die Avocado halbieren und den Kern entfernen. Das Fruchtfleisch aus der Schale lösen und mit der Gabel zerdrücken. Avocado mit dem Sojajoghurt mischen und mit Salz, Pfeffer und Limettensaft abschmecken. Korianderblätter fein hacken und mit der Creme vermischen.
- ☐ Für den **Tofu** die Kokosraspel in einer Pfanne ohne Fett rösten, bis sie leicht Farbe bekommen.
- ☐ Den Tofu in vier gleiche Scheiben schneiden. Das Kokosöl erhitzen. Die Tofuscheiben im heißen Öl braten und anschließend in den Kokosraspeln wenden.
- ☐ Brötchen längs halbieren. Auf die unteren und oberen Hälften die Creme verteilen. Anschließend den Salat auf den unteren Hälften verteilen, Tofu darüberlegen und zum Schluss die Deckel daraufsetzen.

REICH AN:

- ■ Vitamine: D, E, K, B_1, B_2, B_6, Biotin, Folsäure, Niacin, Pantothensäure, C
- ■ Mineralstoffe: Kalium, Calcium, Magnesium, Phosphor, Chlorid, Eisen, Zink, Kupfer, Mangan, Fluorid, Jod

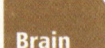

Rotkohlsandwich mit karamellisierter Ananas

Zubereitungszeit: 40 Minuten

Für den Rotkohlsalat:

250 g Rotkohl
½ TL Salz
½ EL Kokosblütenzucker
½ rote Chilischote
10 g Ingwer
Saft von einer ½ Orange
½ EL flüssiges Kokosöl (eventuell erwärmt)

Für die Avocadocreme:

1 Avocado
4 EL körniger Frischkäse
½ EL Limettensaft
Salz
Pfeffer

Für die karamellisierte Ananas:

500 g Ananas
1 EL Kokosöl
1 EL Kokosblütensirup

8 Scheiben Vollkorntoastbrot

- ☐ Für den **Rotkohlsalat** den Rotkohl in feine Streifen schneiden. Salz und Kokosblütenzucker zugeben und mischen. Für 10 Minuten ziehen lassen.
- ☐ In der Zwischenzeit die Chilischote fein hacken und den Ingwer schälen und reiben. Orangensaft, Kokosöl, Ingwer und Chilischote zu einem Dressing verarbeiten. Dressing mit dem Rotkohl mischen.
- ☐ Für die **Avocadocreme** die Avocado halbieren, den Kern entfernen und das Fruchtfleisch herauslöffeln. Avocado mit der Gabel zerdrücken. Frischkäse und Limettensaft zugeben. Mit Salz und Pfeffer abschmecken.

□ **Ananas** schälen, den Strunk entfernen und die Ananas in Scheiben schneiden. Kokosöl erhitzen. Ananasscheiben im heißen Öl braten. Nach etwa 3 Minuten Kokosblütensirup zugeben. Die Ananasscheiben im flüssigen Sirup wenden und anschließend aus der Pfanne nehmen.

□ Toastbrotscheiben toasten. Vier Scheiben mit der Avocadocreme bestreichen. Rotkohlsalat darauf verteilen. Ananasscheiben ebenfalls verteilen. Abschließend wieder eine Scheibe Toast darauflegen.

VEGANE VARIANTE: Der Frischkäse kann z. B. durch Sojajoghurt ersetzt werden.

REICH AN:
■ Vitamine: D, E, K, B_1, B_6, Folsäure, Niacin, C
■ Mineralstoffe: Kalium, Calcium, Magnesium, Phosphor, Chlorid, Kupfer

Süßspeisen und Gebäck

Bananenmuffins

Zubereitungszeit: 15 Minuten
Backzeit: 25 Minuten

3 Bananen (etwa 560 g)
50 g Kokosöl
7 EL (50 g) Kokosblütenzucker
50 g Roh-Rohrzucker
300 g Weizenvollkornmehl
60 g Kokosraspel
2 TL Weinsteinbackpulver
1 Prise Salz
Kokosöl zum Fetten der Form

- ☐ Backofen auf 180 °C vorheizen.
- ☐ Bananen schälen und zusammen mit Kokosöl, Kokosblütenzucker und Roh-Rohrzucker mit dem Handrührgerät mixen, bis die Bananen zu einem Mus geworden sind.
- ☐ Mehl, Kokosraspel, Backpulver und Salz vermengen. Mehlmischung löffelweise mit dem Handrührgerät unter die Bananenmischung rühren.
- ☐ Ein Muffinblech für 12 Muffins mit Kokosöl einfetten und den Teig in der Form verteilen.
- ☐ Muffins im heißen Backofen etwa 25 Minuten backen.

REICH AN:
- ■ Vitamine: B_6
- ■ Mineralstoffe: Kalium, Kupfer, Mangan

Hirse-Kirsch-Auflauf

| Vegan | Low Fat | High Carb | Brain |

Zubereitungszeit: 20 Minuten
Backzeit: 30 Minuten

130 g Hirse
300 ml Wasser
4 EL feste Kokosmilch
4 EL Kokosraspel
4 EL Kokosblütensirup
1 TL Kokosöl
2 EL Roh-Rohrzucker
200 g Sauerkirschen aus dem Glas, ohne Stein

- ☐ Hirse in einem Sieb mit heißem Wasser abspülen. Danach mit dem Wasser in einen Topf geben und aufkochen. 2 Minuten bei mittlerer Hitze offen kochen lassen, danach die Hitze reduzieren und die Hirse mit geschlossenem Deckel etwa 15 Minuten quellen lassen. Die Flüssigkeit sollte vollständig aufgesogen sein.
- ☐ Backofen auf 200 °C vorheizen.
- ☐ Kokosmilch, Kokosraspel und Kokosblütensirup mit der Hirse vermengen.
- ☐ Vier hitzefeste Schälchen mit dem Kokosöl auspinseln und mit dem Roh-Rohrzucker ausstreuen.
- ☐ Kirschen abtropfen lassen und in die Schälchen verteilen. Die Kokoshirse auf den Kirschen verteilen und etwa 30 Minuten im Backofen backen, bis die Hirse eine goldbraune Kruste bildet.

REICH AN:
- Vitamine: B_1
- Mineralstoffe: Eisen, Kupfer, Mangan

TIPP: Für das Rezept wird nur der feste Teil der Kokosmilch verwendet, der sich oben auf der Flüssigkeit absetzt. Die flüssigen Bestandteile der Kokosmilch, die hier nicht verwendet werden, können Sie beispielsweise für Shakes oder Smoothies nutzen. Ideen sind ab Seite 71 zu finden.

Litschisalat mit Minzpesto

Vegan **Brain**

Zubereitungszeit: 30 Minuten

Für das Minzpesto:
60 g Cashewmus
2 EL Kokosmus
½ Bund Minze
50 ml Rapsöl
50 ml Kokosmilch

Für den Litschisalat:
500 g Litschis
1 Orange
4 EL (40 g) Cashewnüsse
4 EL Granatapfelkerne

☐ Für das **Pesto** alle Zutaten im Mixgerät oder mit dem Pürierstab fein mixen.
☐ Für den **Litschisalat** die Litschis schälen, die Kerne entfernen und die Früchte vierteln. Orange schälen und in Würfel schneiden.
☐ Cashewnüsse zunächst in einer Pfanne ohne Fett rösten. Die kalten Cashewnüsse grob hacken. Litschis, Orangenwürfel und Granatapfelkerne mischen.
☐ Obstsalat anrichten, mit Minzpesto beträufeln und mit gehackten Cashewnüssen bestreut servieren.

REICH AN:
■ Vitamine: E, B$_1$, Niacin, C
■ Mineralstoffe: Kalium, Magnesium, Phosphor, Eisen, Zink, Kupfer

TIPP: Das Pesto hält sich mehrere Wochen im Kühlschrank, dafür in ein Schraubglas füllen und mit Öl bedecken.

Kokos-Kirsch-Auflauf

High Protein High Laurin High Carb Brain

Zubereitungszeit: 20 Minuten
Backzeit: 30 Minuten

700 g Süßkirschen aus dem Glas, ohne Stein
¼ l Milch
¼ l Kokosmilch
2 EL Kokosmus
½ Vanilleschote
2 EL Kokosblütensirup
5 altbackene Brötchen
100 g Roh-Rohrzucker
4 EL Kokosraspel
75 g Weichweizengrieß
3 Eier
Fett für die Form

☐ Süßkirschen auf ein Sieb gießen und abtropfen lassen.
☐ Backofen auf 150 °C vorheizen.
☐ Milch, Kokosmilch, Kokosmus, Vanilleschote und Kokosblütensirup zusammen aufkochen.
☐ In der Zwischenzeit die Brötchen in Würfel von etwa 2 × 2 cm schneiden. Roh-Rohrzucker, Kokosraspel und Grieß zu den Brötchen geben.
☐ Die heiße Milch über die Brötchen geben. Alles gründlich vermischen und für etwa 10 Minuten ziehen lassen.
☐ Eier trennen. Eiweiße mit dem Handrührgerät zu Eischnee verarbeiten.
☐ Eigelbe mit der Brötchenmasse vermengen. Zunächst die Kirschen unterheben, anschließend den Eischnee unterheben.
☐ Masse in eine backofenfeste gefettete Form geben und den Auflauf für 30 Minuten im heißen Backofen backen.

VEGANE VARIANTE:

☐ Die Eier können durch 3 EL Sojamehl, mit 9 EL Wasser vermengt, ersetzt werden. Zusätzlich müssen 50 ml Kokosmilch extra hinzugefügt werden. Ohne Eischnee wird die Masse nicht so luftig, schmeckt aber trotzdem gut.

☐ Die Milch kann durch Sojadrink ersetzt werden.

REICH AN:

■ Vitamine: B_1, B_6, Folsäure, Niacin, C
■ Mineralstoffe: Phosphor, Chlorid, Eisen, Zink, Mangan

Polentaschnitten mit Feigen

Zubereitungszeit: 20 Minuten

Für die Polentaschnitten:
¼ l Milch
¼ l Kokosmilch
250 g Polentagrieß
4 EL Kokosraspel
Kokosöl zum Braten

Für das Feigenkompott:
6 Feigen
2 EL Kokosflakes
2 EL Roh-Rohrzucker
100 ml Granatapfelsaft
½ TL Pfeilwurzstärke

- ☐ Für die **Polentaschnitten** Milch und Kokosmilch zusammen aufkochen.
- ☐ Polenta und Kokosraspel einrühren. Einmal unter ständigem Rühren aufkochen und anschließend auf einem Backblech ausstreichen und abkühlen lassen.
- ☐ Für das **Feigenkompott** die Feigen in Scheiben schneiden. Kokosflakes in einer Pfanne ohne Fett rösten.
- ☐ Roh-Rohrzucker in einer Pfanne ohne Fett erhitzen, bis er flüssig wird. Mit Granatapfelsaft ablöschen und köcheln lassen, bis der Zucker gelöst ist. Die Pfeilwurzstärke mit ein wenig Wasser vermischen und einrühren.
- ☐ Feigen in den Sud legen und sirupartig einkochen lassen.
- ☐ Polenta in Dreiecke schneiden. Kokosöl erhitzen und Polentaschnitten im heißen Öl braten.
- ☐ Feigenkompott auf der gebratenen Polenta anrichten und mit Kokosflakes bestreut servieren.

VEGANE VARIANTE: Milch durch einen Pflanzendrink ersetzen.

156

High Carb

Kokos-Milchreis mit Kirschen

Zubereitungszeit: 45 Minuten

Für den Milchreis:
600 ml Milch
400 ml Kokosmilch
4 EL Kokosmus
½ Vanilleschote
4 Kardamomkapseln
250 g Milchreis
2 EL Kokosraspel
4 EL Agavendicksaft

Für die heißen Kirschen:
¼ l Kirschsaft
2 – 3 TL Pfeilwurzstärke
400 g Sauerkirschen aus dem Glas, ohne Stein

☐ Für den **Milchreis** Milch, Kokosmilch, Kokosmus und halbierte Vanilleschote zusammen erhitzen. Kardamomkapseln im Mörser anstoßen und zur Milch geben. Alles einmal aufkochen lassen und anschließend den Milchreis einrühren.

☐ Milchreis unter gelegentlichem Rühren bei schwacher Hitze für etwa 30 Minuten garen.

☐ Am Ende der Garzeit die Kardamomkapseln und die Vanilleschote entfernen, die Kokosraspel einrühren und den Reis mit dem Agavendicksaft abschmecken.

☐ Für die **heißen Kirschen** den Saft erhitzen. Pfeilwurzstärke mit ein wenig Wasser vermischen und anschließend in den Saft einrühren. Einmal aufkochen lassen, die Kirschen einrühren und etwas köcheln lassen. Kirschen mit dem Milchreis zusammen anrichten.

VEGANE VARIANTE: Die Milch kann durch einen Reisdrink ersetzt werden.

REICH AN:
- Vitamine: Folsäure, C
- Mineralstoffe: Kalium, Kupfer, Mangan

Matchacreme mit Zitrussalat

Zubereitungszeit: 25 Minuten
Kühlzeit: mindestens 3 Stunden

Für die Matchacreme:
1 Vanilleschote
200 ml Sojasahne
¼ l Kokosmilch
6 EL Roh-Rohrzucker
4 EL Kokosmus
4 EL Matchapulver
¾ TL Agar-Agar-Pulver

Für den Zitrussalat:
3 Orangen
3 Grapefruits

- Für die **Matchacreme** Vanilleschote halbieren und zusammen mit Sojasahne, Kokosmilch, Roh-Rohrzucker und Kokosmus einmal aufkochen.
- Matchapulver mit einem Pürierstab in die Milchmischung mixen, vorher die Vanilleschote entfernen.
- Agar-Agar ebenfalls einrühren und die Creme für 1 – 2 Minuten kochen lassen.
- Creme auf vier Schalen verteilen und für mindestens 3 Stunden kalt stellen.
- Für den **Zitrussalat** die Orangen und Grapefruits schälen, klein schneiden und mischen. Den Salat zur Creme reichen.

REICH AN:
- Vitamine: A, D, E, C
- Mineralstoffe: Kalium

Beerencrumble

Zubereitungszeit: 20 Minuten
Backzeit: 30 Minuten

Für die Streusel:

40 g Weizenvollkornmehl
3 EL (20 g) gemahlene Mandeln
4 EL (20 g) Kokosraspel
40 g Roh-Rohrzucker
60 g Kokosöl

400 g gemischte Beeren, tiefgekühlt oder frisch und geputzt
Kokosöl für die Form
2 TL Roh-Rohrzucker

- ☐ Backofen auf 200 °C vorheizen.
- ☐ Alle Zutaten für die **Streusel** zusammen mit dem Knethaken vermengen.
- ☐ Beeren in einer gefetteten backofenfesten Form mit dem Roh-Rohrzucker vermengen.
- ☐ Die Streusel gleichmäßig auf den Beeren verteilen und den Crumble für 30 Minuten im heißen Backofen backen.

REICH AN:
- ■ Vitamine: C
- ■ Mineralstoffe: Mangan

TIPP: Dazu passt (veganes) Vanilleeis sehr gut.

Kokosquark mit Erdbeeren

Zubereitungszeit: 25 Minuten

100 g Haselnusskerne
4 EL Kokosblütensirup
5 EL (50 g) Haferflocken
250 g Quark
150 g Joghurt
2 EL Agavendicksaft
4 EL Kokosraspel
500 g Erdbeeren

☐ Haselnusskerne grob hacken.
☐ Kokosblütensirup in einer Pfanne erhitzen, bis er flüssig wird. Gehackte Haselnusskerne und Haferflocken dazugeben und alles gut vermengen. Zum Abkühlen aus der Pfanne nehmen.
☐ Quark, Joghurt, Agavendicksaft und Kokosraspel mischen.
☐ Erdbeeren putzen, halbieren oder vierteln.
☐ Haselnusskrokant, Quarkcreme und Erdbeeren abwechselnd schichtweise in Gläser füllen und servieren.

VEGANE VARIANTE: Joghurt und Quark können durch Sojajoghurt ersetzt werden, Quark auch durch Seidentofu. Um eine quarkähnliche Konsistenz herzustellen, kann Kokosmehl zum Binden verwendet werden.

REICH AN:
■ Vitamine: E, B₁, Biotin, Niacin, C
■ Mineralstoffe: Kalium, Calcium, Magnesium, Phosphor, Eisen, Kupfer, Mangan

Kokoswaffeln

Zubereitungszeit: 30 Minuten

100 g Butter
25 g Kokosöl
125 g Roh-Rohrzucker
½ EL abgeriebene Schale von einer unbehandelten Orange
225 g Weizenvollkornmehl
½ Päckchen Weinsteinbackpulver
5 EL (25 g) Kokosraspel
350 ml Mandeldrink
2 EL Kakaopulver
Kokosöl zum Einfetten
Puderzucker zum Bestäuben

☐ Butter, Kokosöl, Roh-Rohrzucker und abgeriebene Orangenschale zusammen für etwa 5 Minuten mit dem Handrührgerät rühren.
☐ Mehl, Backpulver und Kokosraspel vermischen.
☐ Löffelweiße die Mehlmischung und den Mandeldrink abwechselnd unter die Butter-Zucker-Mischung rühren, bis ein zähfließender Teig entstanden ist.
☐ Unter die Hälfte des Teiges das Kakaopulver mischen.
☐ Das Waffeleisen erhitzen und mit Kokosöl einpinseln.
☐ Den Teig portionsweise im heißen Eisen zu Waffeln backen, dabei für jede Waffel einen Teil Schokoladenteig und einen Teil hellen Teig verwenden.
☐ Nach dem Abkühlen die Waffeln mit Puderzucker bestäuben.

VEGANE VARIANTE: Statt Butter kann Pflanzenmargarine verwendet werden.

REICH AN:
■ Vitamine: B_1, B_6, Niacin
■ Mineralstoffe: Calcium, Magnesium, Phosphor, Eisen, Zink, Kupfer, Mangan

Himbeer-Kokos-Muffins

Zubereitungszeit: 30 Minuten
Backzeit: 30 Minuten

Für den Teig:

125 g Butter
1 Vanilleschote
100 g Roh-Rohrzucker
3 ½ EL Kokosblütenzucker
4 Eier
3 EL (30 g) Stärke
100 g Weizenvollkornmehl
3 TL (10 g) Weinsteinbackpulver
10 EL (50 g) Kokosraspel
Kokosöl für die Form

Für den Himbeerquark:

300 g Quark
200 g Himbeeren, tiefgekühlt oder frisch und geputzt
2 EL Kokosblütensirup

- ☐ Backofen auf 180 °C vorheizen.
- ☐ Für den **Teig** Butter, Roh-Rohrzucker und Kokosblütenzucker mit dem Handrührgerät schaumig rühren.
- ☐ Eier trennen. Eigelbe unter die Butter-Zucker-Mischung rühren.
- ☐ Mehl, Backpulver, Stärke und Kokosraspel mischen und die Mischung löffelweise unter die Butter-Zucker-Mischung rühren.
- ☐ Eiweiße steif schlagen und vorsichtig unter den Teig heben.
- ☐ Ein Muffinblech für 12 Muffins mit Kokosöl einfetten und den Teig darin verteilen.
- ☐ Muffins im heißen Backofen für etwa 30 Minuten backen.
- ☐ In der Zwischenzeit für den Himbeerquark den Quark mit den aufgetauten oder geputzten Himbeeren mischen und mit Kokosblütensirup abschmecken.
- ☐ Nach dem Abkühlen die Muffins quer halbieren und etwas Himbeerquark auf der unteren Hälfte verteilen. Die obere Hälfte wieder darauf setzen und sofort servieren.

VEGANE VARIANTE:

- ☐ Die Eier können durch Apfelmus ersetzt werden. Um 4 Eier zu ersetzen, benötigt man 170 g Apfelmus. Diesen einfach anstelle der Eigelbe unter die Butter-Zucker-Mischung rühren. Ohne das Eiweiß werden die Muffins nicht ganz so luftig, schmecken aber trotzdem sehr lecker.
- ☐ Anstelle der Butter eine Pflanzenmargarine in den Teig geben.
- ☐ Statt Quark kann Seidentofu verwendet werden, je nach Konsistenz mit etwas Kokosmehl binden.

REICH AN:
- ▪ Mineralstoffe: Mangan

Apfel-Birnen-Auflauf mit Haferflockenkruste

Zubereitungszeit: 30 Minuten
Backzeit: 25 Minuten

4 Äpfel (etwa 600 g)
2 Birnen (etwa 400 g)
150 ml Apfelsaft
7 EL (50 g) Kokosblütenzucker
1 TL gemahlener Zimt
Kokosöl für die Form

Für die Kruste:
75 g Roh-Rohrzucker
75 ml Wasser
1 TL abgeriebene Orangenschale
100 g Haferflocken
10 EL (50 g) Kokosraspel

☐ Äpfel und Birnen schälen, entkernen und jeweils in 1 – 2 cm große Stücke schneiden.

☐ Apfelsaft mit Kokosblütenzucker und Zimt zusammen aufkochen und anschließend die Birnen- und Apfelstücke darin für 10 Minuten köcheln lassen.

☐ Backofen auf 200 °C vorheizen.

☐ Für die **Kruste** den Roh-Rohrzucker mit dem Wasser und der abgeriebenen Orangenschale zusammen aufkochen. Den Topf vom Herd nehmen und das Wasser mit den Haferflocken und Kokosraspeln gründlich vermischen.

☐ Apfel-Birnen-Kompott in eine eingefettete backofenfeste Form geben und die Haferflockenkruste gleichmäßig darauf verteilen.

☐ Den Auflauf für etwa 25 Minuten im heißen Backofen backen.

REICH AN:

■ Vitamine: B_1, Folsäure, C
■ Mineralstoffe: Kalium, Mangan

Die Autoren

Anna Lena Böckel ist ausgebildete Köchin. Ihre Ausbildung absolvierte sie im Hilton Hotel in Frankfurt am Main. Nach erfolgreich bestandener Prüfung wechselte sie zum Hotel »Steigenberger Frankfurter Hof«, später im gleichen Haus in die Küche des »Café-Bar-Restaurant OSCAR'S« und schließlich in die Küche des Restaurants »Français«, das für seine moderne französische Küche bekannt ist. Das Restaurant wurde dafür vom Guide Michelin mit einem Stern ausgezeichnet.

Derzeit absolviert Anna Lena Böckel den praktischen Teil ihres Gesundheitsmanagement-Studiums in der Sportklinik und im Deutschen Institut für Sporternährung e. V. in Bad Nauheim. Kochen und der Umgang mit frischen Lebensmitteln sind für sie immer noch die große Leidenschaft. Auf dem Speiseplan stehen neben Kokos immer frisches Obst und Gemüse – dafür bedient sie sich am liebsten aus dem großen Obst- und Gemüsegarten ihrer Eltern.

Uwe Schröder studierte Oecotrophologie sowie Erziehungs- und Sportwissenschaften an der Justus-Liebig-Universität Gießen und der Rijksuniversiteit Limburg, Maastricht/Niederlande.

Er arbeitet als Ernährungswissenschaftler am Deutschen Institut für Sporternährung e. V. in Bad Nauheim und leitet dort die Ernährungsberatung bei Leistungs- und Freizeitsportlern sowie bei Patienten der Sportklinik Bad Nauheim. In Kooperation mit Universitäten und Hochschulen führt er wissenschaftliche Studien durch. Uwe Schröder ist Lehrbeauftragter für »Sportlerernährung« an der Hochschule Fulda und leitet zudem für den BerufsVerband Oecotrophologie ein Weiterbildungsseminar zum gleichen Themengebiet. In seiner Freizeit ist er Langstreckenläufer und aktiver Tennisspieler mit Trainerlizenz.

Das Team vom Deutschen Institut für Sporternährung e. V. in Bad Nauheim:
Günter Wagner, Anna Lena Böckel und Uwe Schröder (von links).

Günter Wagner studierte Oecotrophologie sowie Erziehungswissenschaften an der Justus-Liebig-Universität Gießen. Als Ernährungswissenschaftler ist er Mitglied des Vorstandes im Deutschen Institut für Sporternährung e. V. in Bad Nauheim. Zu seinen wissenschaftlichen Schwerpunkten gehört der Einfluss des Essens und Trinkens auf die körperliche und geistige Leistungsfähigkeit. Er arbeitet interdisziplinär mit Wissenschaftlern verschiedener Fachbereiche zusammen. Im Rahmen der sportmedizinischen Betreuung der Sportklinik berät er Hochleistungs- und Leistungssportler sowie Freizeitsportler. Beim Projekt »Kiks up Bad Nauheim«, ein mehrfach ausgezeichnetes Präventionsprogramm für Kinder in Kindertagesstätten, Schulen und Vereinen, ist er verantwortlich für den Bereich »Kiks up Genuss«.

Von Uwe Schröder und Günter Wagner sind im pala-verlag auch die beiden Bücher »Essen Trinken Gewinnen« und »Trink Dich Fit« (mit Dr. med. Johannes M. Peil) erschienen.

Rezepte von A bis Z

Rezepte für persönliche Fitnessziele

Alle Rezepte in diesem Buch unterstützen Ihre geistige und körperliche Fitness. Je nach persönlichen Wünschen und Zielen können Sie sich an den Symbolen (siehe Überblick auf Seite 59) und zusätzlich an der folgenden Auswahl orientieren. Damit die Geselligkeit nicht zu kurz kommt, haben wir außerdem unkomplizierte Rezepte, die auch Ihren Gästen schmecken, aufgelistet.

Für die Ausdauer

Für die geistige Fitness

Für die muskuläre Fitness

Für überraschenden Besuch

Günter Wagner, Uwe Schröder:
Essen Trinken Gewinnen
ISBN: 978-3-89566-251-5

Günter Wagner, Dr. med. Johannes
M. Peil, Uwe Schröder:
Trink Dich Fit
ISBN: 978-3-89566-291-1

Nadja Schäfers:
Histaminarm kochen – vegetarisch
ISBN: 978-3-89566-263-8

Simone Stefka:
Glutenfrei backen
ISBN: 978-3-89566-226-3

Heike Kügler-Anger:
**Vegane Rohköstlichkeiten
aus dem Mixer**
ISBN: 978-3-89566-317-8

Irmela Erckenbrecht:
Teenager auf Veggiekurs
ISBN: 978-3-89566-321-5

Anja Völkel:
Quinoa – Korn der Anden
ISBN: 978-3-89566-350-5

Heike Kügler-Anger:
Veganes Suppenglück
ISBN: 978-3-89566-345-1

Gesamtverzeichnis bei:
pala-verlag, Rheinstraße 35, 64283 Darmstadt, www.pala-verlag.de

ISBN: 978-3-89566-356-7
© 2016: pala-verlag,
Rheinstraße 35, 64283 Darmstadt
www.pala-verlag.de
Alle Rechte vorbehalten

Copyright Fotografien:
Seite 8, 11, 16, 38: Günter Wagner;
Seite 14, 22, 30, 48, 57, 165: Dr. Goerg Gmbh (drgoerg.com);
Seite 60: nolonely; *Seite 68, 110, 163:* Kovaleva_Ka; *Seite 70:* Fahrwasser;
Seite 73, 133: Elena M. Kiryan; *Seite 74, 119, 131, 145:* Tim UR;
Seite 78: Julia Sudnitskaya; *Seite 88:* Handmade Pictures;
Seite 90, 125, 149: Yeko Photo Studio; *Seite 93, 155:* alexlukin;
Seite 102: 5second; *Seite 104, 137:* Wolfgang Mücke;
Seite 108, 141: Mariusz Blach; *Seite 112:* FomaA;
Seite 129, 173: Pavel Timofeev; *Seite 150:* Minadezhda; (alle Fotolia);
Seite 167: Michael Hauler, Artist Photodesign; *Buchumschlag:* Christopher Hall,
elnariz, mates, ft2010, VRD, pixbox77 (alle Fotolia)

Lektorat: Barbara Reis
Satz und Gestaltung: Die Werkstatt Medien-Produktion GmbH, Göttingen
www.werkstatt-verlag.de

Druck und Bindung: BELTZ Bad Langensalza GmbH
www.beltz-grafische-betriebe.de
Printed in Germany

Dieses Buch ist auf Papier aus 100 % Recyclingmaterial gedruckt.